한글
Hangeul

# 아하! 한국어

A-ha! Korean

숙명여자대학교 한국어교재위원회

- **김경령**
  University of Illinois at Urbana Champaign, Ph. D
  숙명여자대학교 한국어문학부 부교수
  숙명국제언어교육원 한국어 교육 부장

- **이홍식**
  서울대학교 국어국문학 문학 박사
  숙명여자대학교 한국어문학부 교수

- **문금현**
  서울대학교 국어국문학 문학 박사
  숙명여자대학교 한국어문학부 부교수

- **이소영**
  숙명여자대학교 한국어문학부 문학 박사
  숙명국제언어교육원 한국어 교육부 강사

- **엄소연**
  숙명여자대학교 한국어문학부 문학 박사 과정
  숙명국제언어교육원 한국어교육부 강사

〈연구보조원〉

- **이세훈**
  숙명여자대학교 한국어문학부 문학 석사
  숙명국제언어교육원 한국어교육부 강사

- **우보의**
  숙명여자대학교 한국어문학부 문학 석사

- **Richard Dubois**
  숙명여자대학교 영어영문학부 강의 교수

- **표지 그림과 삽화: 정효정**

# 아하! 한국어 한글 (CD 포함)

지은이 숙명여자대학교 한국어교재위원회
펴낸이 박문규
펴낸곳 KM 경문사
펴낸날 2011년 9월 5일
등 록 1979년 11월 9일 제9-9호
주 소 121-818, 서울특별시 마포구 와우산로 174
전 화 (02)332-2004 팩스 (02)336-5193
이메일 kyungmoon@kyungmoon.com

값 15,000원

ISBN 978-89-6105-499-7
ISBN 978-89-6105-498-0(세트)

★ 경문사 홈페이지에 오시면 즐거운 일이 생깁니다.
http://www.kyungmoon.com

# 아하! 한국어

A-ha! Korean

한글
Hangeul

숙명여자대학교 한국어교재위원회

KM 경문사

# 머리말

# Preface

**아하! 한국어**는 숙명여자대학교에서 개발한 한국어 교재 시리즈로 한국어를 배우고자 하는 성인 학습자를 대상으로 한국어 표현 능력과 이해 능력을 증진시키는 데에 목표를 두고 개발하였다.

**아하! 한국어**는 한국어 교육의 가장 기본이 되는 '한글' 습득 단계 교재를 시작으로 5권의 주교재와 이에 따른 5권의 보조 교재, 듣기와 말하기 기능을 보조하는 CD, 각각의 텍스트에서 소개되는 단어를 정리한 단어장 그리고 교사지침서 등으로 구성되었다. 주교재에서는 주제 중심으로 단원을 구성하였고 각각의 대화문은 실생활에서 쉽게 접할 수 있는 상황 및 기능이 제시되었다. 다양한 방법으로 문형 연습을 할 수 있도록 지문을 구성하였고 보조 교재를 통해 학습자 스스로 배운 문형과 어휘를 점검하고 복습할 수 있도록 하였다. 단원마다 새로 소개되는 어휘의 뜻을 수시로 빠르게 점검할 수 있도록 지면 구성의 효율성에 힘썼다. 또한 교사지침서를 제작하여 본 교재를 좀더 체계적으로 교사가 사용할 수 있도록 한국어 발음, 문법, 어휘, 교수법 등에 대한 자세한 내용을 수록하였다. 무엇보다도 본 교재의 특징은 언어 교수 이론에 근거한 효율적인 교수법들이 내용 전반에 깔려 있어 한국어를 좀더 쉽게 이해하고 습득할 수 있도록 한 점이다.

본 교재는 외국인 학습자를 대상으로 다년간 한국어를 강의한 교육 경험이 풍부한 전문 한국어 교사진과 국어학 및 언어 교수 이론에서 전문성을 확보하고 있는 연구진의 공동 작업으로 완성되었다. 오랜 기간에 걸쳐 집필 및 출판 과정에 헌신적으로 참여해 준 한국어 교사진과 연구진, 기획과 출판 과정에서 적극적으로 협조를 해 주신 경문사 박문규 사장님께 감사를 드린다.

특별히 본 교재가 출간될 수 있도록 아낌없는 지원을 해 주신 한영실 총장님과 도움의 말씀을 주신 한국어문학부 교수님들께 감사를 드린다.

2011년 8월

김경령

# 일러두기

# Preview

**아하! 한국어 '한글'** 책은 한국어를 처음 배우는 학습자에게 한글의 자모와 음운법칙을 익혀 음절, 어절, 단어 등을 읽을 수 있도록 하는 데 목표를 두었다.

전체 6과로 이루어져 있으며 각 과에서 자모의 발음을 입모양 그림으로 제시하고 발음 방법을 기술하였다. 과에서 익힌 자모를 연습할 수 있도록 읽기, 듣기, 쓰기 항목으로 구성된 연습 영역을 두었다. 해당 과와 연습 영역에는 학습자가 독학으로 자모의 발음을 익힐 수 있도록 정확한 발음을 담은 오디오 CD를 마련하였다. 과마다 활동 TIP을 넣어 한국어 수업에서 활용할 수 있는 활동을 실었다. 이 책은 한국어를 가르치는 교사를 위한 안내 자료의 역할을 할 것이다.

## 1. 한국어에 대하여

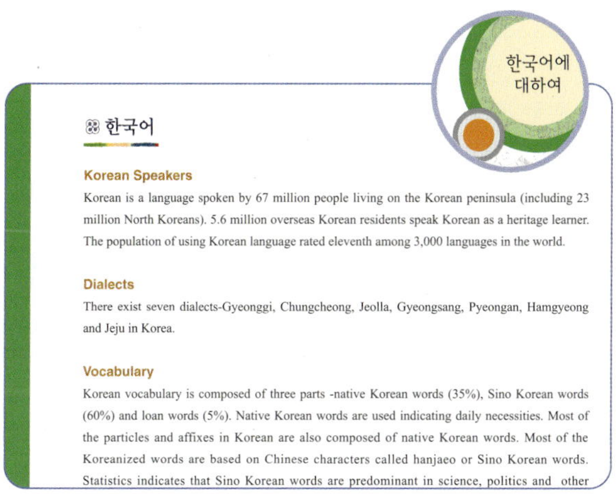
한국어에
대하여

한국어

**Korean Speakers**

Korean is a language spoken by 67 million people living on the Korean peninsula (including 23 million North Koreans). 5.6 million overseas Korean residents speak Korean as a heritage learner. The population of using Korean language rated eleventh among 3,000 languages in the world.

**Dialects**

There exist seven dialects-Gyeonggi, Chungcheong, Jeolla, Gyeongsang, Pyeongan, Hamgyeong and Jeju in Korea.

**Vocabulary**

Korean vocabulary is composed of three parts -native Korean words (35%), Sino Korean words (60%) and loan words (5%). Native Korean words are used indicating daily necessities. Most of the particles and affixes in Korean are also composed of native Korean words. Most of the Koreanized words are based on Chinese characters called hanjaeo or Sino Korean words. Statistics indicates that Sino Korean words are predominant in science, politics and other

이 책의 서론에 해당하는 부분으로 한국어 화자, 방언, 어휘, 존칭 표현, 문자 체계 등 한국어에 대한 전반적인 내용을 기술하였다. 그리고 한글 창제 원리와 자모의 이름과 발음을 제시하여 한글 자모의 체계성을 부각하였다. 또한 한국어의 네 가지 음절 구조에 대해 설명하였다.

## 2. 모음 1

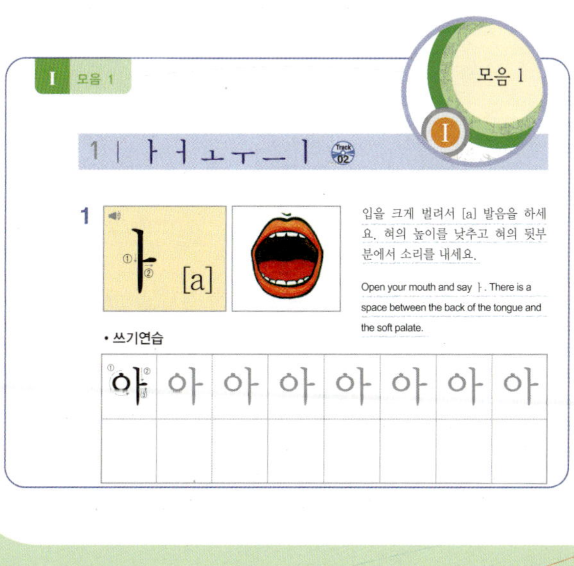
I 모음 1

모음 1

1 | ㅏ ㅓ ㅗ ㅜ ㅡ ㅣ Track 02

1 ㅏ [a]

입을 크게 벌려서 [a] 발음을 하세요. 혀의 높이를 낮추고 혀의 뒷부분에서 소리를 내세요.

Open your mouth and say ㅏ. There is a space between the back of the tongue and the soft palate.

• 쓰기연습

아 아 아 아 아 아 아 아

기본적인 단모음 'ㅏ, ㅓ, ㅗ, ㅜ, ㅡ, ㅣ'를 학습하는 단원으로, 쓰는 방법과 발음, 발음하는 입모양 그림이 제시되었다. 조음 방법을 한국어와 영어로 평이하고 간단하게 기술하여 학습자가 혼자 한글을 익힐 때 모음간의 발음 차이를 쉽게 이해할 수 있도록 하였다. 또한 쓰기 연습을 할 수 있는 공간을 배치하였다. 연습 영역에서는 음절, 단어 읽기와 듣고 연결하거나 쓰는 활동을 할 수 있도록 하였다.

## 3. 자음 1

기본적인 자음 'ㄱ, ㄴ, ㄷ, ㄹ, ㅁ, ㅂ, ㅅ, ㅇ, ㅈ'을 학습하는 단원으로, 쓰는 방법과 발음, 발음할 때의 발음기관 모습 그림이 제시되었다. 조음 방법을 한국어와 영어로 제시하여 자음 발음에 대한 이해를 도왔다. 쓰기 연습을 할 수 있도록 모음 1과 함께 이루어진 음절을 쓸 수 있는 공간을 배치하였다. 그리고 해당 자음이 포함된 단어를 그림-한국어-영어로 제시하여 발음과 함께 단어를 익힐 수 있는 자리를 마련하였다. 연습 영역에서는 음절이나 음절표 읽기, 듣고 고르기, 듣고 쓰기, 음절표 채우기 등의 활동을 준비하였다.

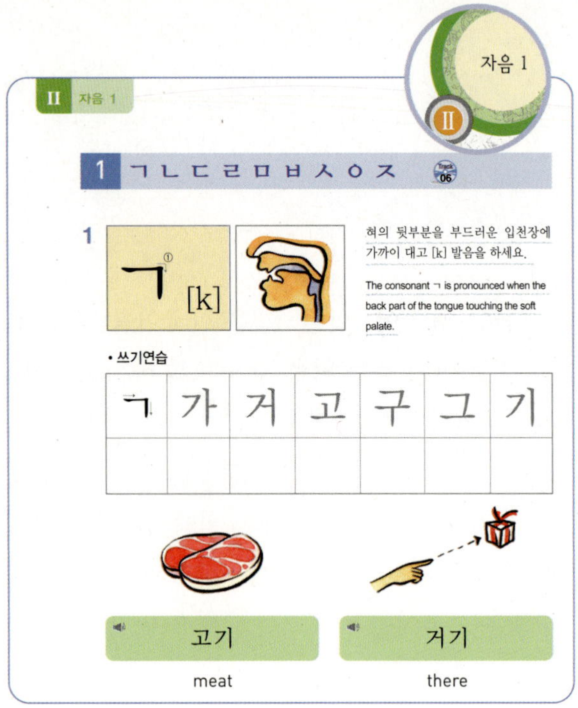
II 자음 1

자음 1 II

1 ㄱ ㄴ ㄷ ㄹ ㅁ ㅂ ㅅ ㅇ ㅈ Track 06

1 ㄱ [k]

혀의 뒷부분을 부드러운 입천장에 가까이 대고 [k] 발음을 하세요.

The consonant ㄱ is pronounced when the back part of the tongue touching the soft palate.

• 쓰기연습

ㄱ 가 거 고 구 그 기

고기 meat

거기 there

## 4. 자음 2

격음과 경음을 다룬 단원으로 자음 1과 이들의 음의 차이점을 중점적으로 대비하여 설명하고 있다. 격음인 'ㅊ, ㅋ, ㅌ, ㅍ, ㅎ'은 거센소리들로 자음 1의 평음과 조음 위치가 같으나 숨을 세게 내보낸다는 점에서 조음 방법에 차이가 있음을 한국어와 영어로 설명하였다. 발음기관 모양에서 바람이 입 밖으로 나가는 모양을 나타내었다. 경음인 'ㄲ, ㄸ, ㅃ, ㅆ, ㅉ'은 된소리들로 평음과 달리 목을 긴장하여 발음함을 설명하였다. 발음 기관 그림에서는 목 근육을 긴장하고 있다는 의미로 화살표를 목 근처에 그려 두었다. 해당 자음 밑에는 격음이나 경음으로 시작하는 음절을 읽으면서 쓸 수 있는 공간과 단어를 마련하였다. 연습 영역에서는 음절, 음절표 읽기, 듣고 고르기, 음절표 채우기를 두었다.

III 자음 2

자음 2 III

격음 ㅊ ㅋ ㅌ ㅍ ㅎ Track 09

1 ㅊ [tʃʰ]

혀 앞부분을 딱딱한 입천장에 붙이고 [tʃʰ] 발음을 하세요. 입에서 바람을 세게 내보내세요.

The consonant ㅊ is an aspirated consonant which is pronounced with a puff of air. The sound of ㅊ occurs at hard palate.

• 쓰기연습

ㅊ 차 처 초 추 츠 치

경음 | ㄲ ㄸ ㅃ ㅆ ㅉ Track 11

1 ㄲ [k']

혀의 뒷부분을 부드러운 입천장에 가까이 대고 목 근육에 힘을 주세요. 그리고 [k'] 발음을 하세요.

The consonant ㄲ is pronounced with muscle tension. It is pronounced when the back part of the tongue raises to the soft palate.

• 쓰기연습

ㄲ 까 꺼 꼬 꾸 끄 끼

기차 train

꼬리 tail

## 5. 모음 2

4개의 단모음과 11개의 이중모음을 학습하는 단원이다. 'ㅔ, ㅐ'를 뺀 나머지 모음은 두 개의 입모양을 가지고 있으며 시작음과 끝음이 다른 이중모음들이다. 입모양 그림에서는 한 개의 입모양이 다른 입모양으로 이어지는 것을 화살표로 처리하였다. 현재 단모음에 속한 'ㅚ, ㅟ'는 현실적으로 이중모음으로 실현되는 것이 일반적이어서 이중모음으로 기술하였다. 해당 모음 밑에는 이들 모음이 들어간 음절을 읽으면서 쓸 수 있는 공간을 마련하였으며 이들 모음이 포함된 단어를 그림, 영어와 함께 제시하였다. 연습 영역에서는 음절, 음절표 읽기, 듣고 고르기, 음절표 채우기를 두었다.

## 6. 받침

음절말에서 실현되는 자음 발음과 관련된 단원으로 홑받침과 겹받침으로 구성하였다.

받침에서 발음되는 자음은 7개로 자음의 철자가 다르나 같은 음으로 실현되는 자음을 한 군으로 묶어 단어와 함께 제시하였다. 연습 영역에서는 단어 읽기, 듣고 고르기, 단어 듣고 쓰기, 단어 보고 발음 쓰기를 마련하였다.

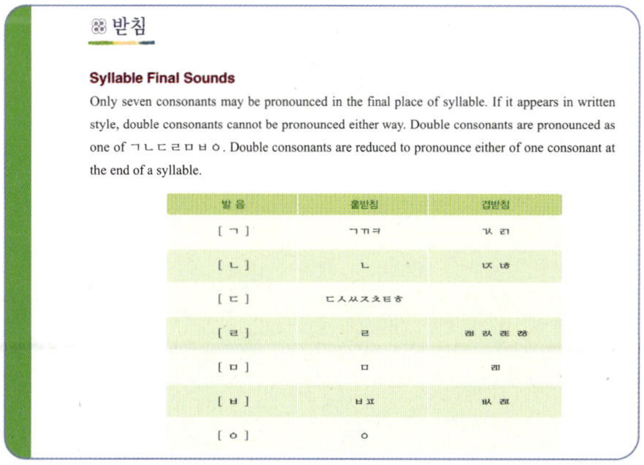

받침

**Syllable Final Sounds**

Only seven consonants may be pronounced in the final place of syllable. If it appears in written style, double consonants cannot be pronounced either way. Double consonants are pronounced as one of ㄱㄴㄷㄹㅁㅂㅇ. Double consonants are reduced to pronounce either of one consonant at the end of a syllable.

| 발음 | 홑받침 | 겹받침 |
|---|---|---|
| [ㄱ] | ㄱㄲㅋ | ㄳ ㄺ |
| [ㄴ] | ㄴ | ㄵ ㄶ |
| [ㄷ] | ㄷㅅㅆㅈㅊㅌㅎ | |
| [ㄹ] | ㄹ | ㄼ ㄽ ㄾ ㅀ |
| [ㅁ] | ㅁ | ㄻ |
| [ㅂ] | ㅂㅍ | ㅄ ㄿ |
| [ㅇ] | ㅇ | |

## 7. 음운 법칙

한국어에서 일반적으로 일어나는 음운 법칙을 제시하였다. 연음 법칙, 경음화, 비음화, 유음화, 유기음화, 구개음화, 'ㅎ' 탈락, 'ㄴ' 첨가를 제시하고 예문과 함께 설명을 기술하였고 발을 읽거나 써 보게 하는 문제를 음운 법칙 항목마다 달아 놓았다.

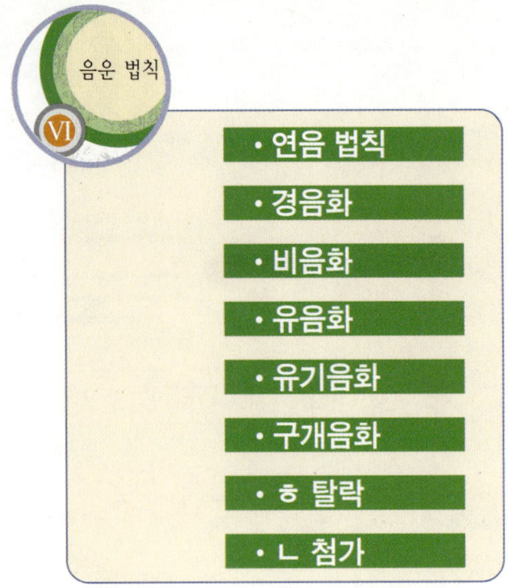


## 8. 부록

학습자들이 혼동하기 쉬운 발음들을 두 개나 세 개로 묶어 그 차이점을 설명하였다. 철자가 다르나 받침에서 같게 발음하는 경우도 묶어서 제시하였다. 어렵거나 비슷한 발음이 반복되는 구성을 사용하여 정확한 발음을 연습하도록 하였다. 앞에서 제시된 단어를 목록화하여 한국어 학습의 시작 단계에서도 한국어 단어를 익히도록 하였다.

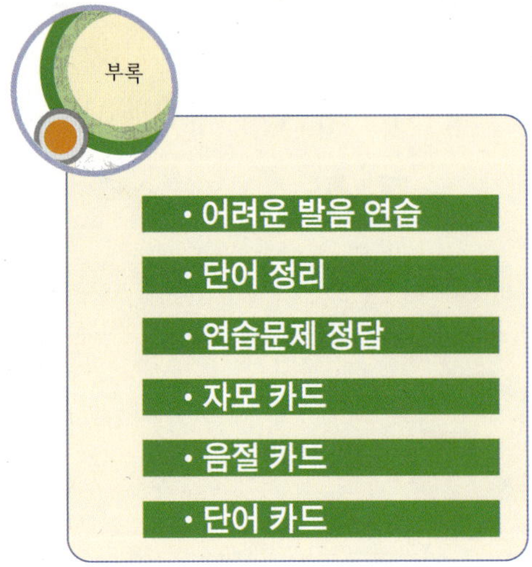


## 9. 기타

연습문제 정답을 두어 학습자가 연습 영역에서 풀어본 문제의 정답을 맞춰 보도록 하였다. 그리고 수업 현장에서 교사와 함께 쓸 수 있도록 자름선이 있는 자모, 음절, 단어 카드를 추가하였다.

# 차례

# Contents

# 한국어에 대하여

## 한국어

### Korean Speakers

Korean is a language spoken by 67 million people living on the Korean peninsula (including 23 million North Koreans). 5.6 million overseas Korean residents speak Korean as a heritage learner. The population of using Korean language rated eleventh among 3,000 languages in the world.

### Dialects

There exist seven dialects-Gyeonggi, Chungcheong, Jeolla, Gyeongsang, Pyeongan, Hamgyeong and Jeju in Korea.

### Vocabulary

Korean vocabulary is composed of three parts -native Korean words (35%), Sino Korean words (60%) and loan words (5%). Native Korean words are used indicating daily necessities. Most of the particles and affixes in Korean are also composed of native Korean words. Most of the Koreanized words are based on Chinese characters called hanjaeo or Sino Korean words. Statistics indicates that Sino Korean words are predominant in science, politics and other scholarly journals while native Korean words prevail in novels, magazines or social columns of newspapers. Korean loan words are widespread in magazines, sports, fashion and technology areas.

### Honorific Expressions and Speech Levels

Korean is called as an honorific language which handles different expressions depending on the different speech levels. There also exist various kinds of humble words in order to express politeness. Korean has six different speech levels −deferential style, polite style, blunt style, familiar style, intimate style and plain style− indicating the speaker's interpersonal relationship with the addressee. These six speech levels are expressed by using sentence final suffixes.

### Writing Systems

Hangeul is used to represent all Korean vocabulary, including native words, Sino Korean words and loanwords and any foreign words. Currently using Chinese characters is extremely limited.

## 한글 창제

### The Invention of Hangeul

The origins of Korean alphabet is unusual and unique as its nature. The Korean alphabet was created by King Sejong (1443). It was completely a new kinds of letters, never seen before. King Sejong invented Hangeul for common people who cannot read and write because Chinese characters were used only for selected and governed group of people. Learning Chinese characters is not an easy job because it takes a long time to acquire then while Hangeul is easy to learn. Using Hangeul becomes dominant towards the modern age and finally began to be used in official documents of the country by the year of gabo, Instead of using Chinese characters, using Hangeul getting powerful.

### Hangeul

Hangeul holds phonemic writing system and it consists of consonants and vowels. Hangeul was uniquely designed to combine consonants and vowels into syllabic units. Because of this character, Hangeul is called syllabic writing system.

Vowels were created from philosophical principles. The letter '•' symbolizes the round shape of the sky, the letter 'ㅡ' means the plate shape of the land, and the letter 'ㅣ' indicates the upright shape of the human. These three, sky, land and human, are considered as the fundamental features of oriental philosophy.

## The basic letters for the medial sounds

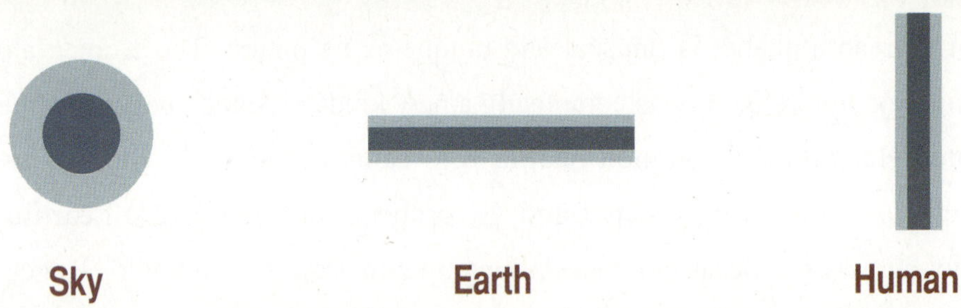


| | | |
|---|---|---|
| • + ㅡ | ➡ | ㅗ ( ㅗ ) |
| ㅡ + • | ➡ | ㅜ ( ㅜ ) |
| ㅣ + ㅗ | ➡ | ㅛ ( ㅛ ) |
| ㅣ + ㅜ | ➡ | ㅠ ( ㅠ ) |

| | | |
|---|---|---|
| ㅣ + • | ➡ | ㅏ ( ㅣ· ) |
| • + ㅣ | ➡ | ㅓ ( ·ㅣ ) |
| ㅣ + ㅏ | ➡ | ㅑ ( ㅣ: ) |
| ㅣ + ㅓ | ➡ | ㅕ ( :ㅣ ) |

There exist 5 basic consonant letters; ㄱ ㄴ ㅁ ㅅ ㅇ. The rest of 17 letters were created by adding one more stroke to each basic letter and this also indicates the stronger sounds.

| | | | | | | | | |
|---|---|---|---|---|---|---|---|---|
| ㄱ | ➡ | ㅋ | | | | | | |
| ㄴ | ➡ | ㄷ | ➡ | ㅌ | ⇨ | ㄹ | | |
| ㅁ | ➡ | ㅂ | ➡ | ㅍ | | | | |
| ㅅ | ➡ | ㅈ | ➡ | ㅊ | | | | |
| ㅇ | ➡ | | | ㅎ | | | | |

## 단모음

There are 10 simple vowels in Korean language. Simple vowels are pronounced the same from beginning to finish. They are distinguished depending on the different tongue position, degree of mouth aperture and lip rounding.

| 단모음 simple vowel | 이름 name / 발음 pronunciation |
|---|---|
| ㅏ | a[a] |
| ㅓ | eo[ʌ] |
| ㅗ | o[o] |
| ㅜ | u[u] |
| ㅡ | eu[ɨ] |
| ㅣ | i[i] |
| ㅔ | e[e] |
| ㅐ | ae[æ] |
| ㅚ | oe[œ] |
| ㅟ | wi[wi] |

| 혀의 전후 위치 Tongue Height / 혀의 높이 Tongue Height | 전설 Front | | 후설 Back |
|---|---|---|---|
| 고 (High) | ㅣ (ㅟ) | ㅡ | ㅜ |
| 중 (Mid) | ㅔ (ㅚ) | ㅓ | ㅗ |
| 저 (Low) | ㅐ | ㅏ | |

## 이중 모음

There are 11 diphthongs in Korean vowels. Diphthongs which start with a certain lip and tongue position, but by changing the shape of lips or tongue position, sounds pronounced differently.

| 이중모음 diphthong | 이름 name / 발음 pronunciation |
|---|---|
| ㅑ | ya [ja] |
| ㅕ | yə [jʌ] |
| ㅛ | yo [jo] |
| ㅠ | yu [ju] |
| ㅒ | yae [jæ] |
| ㅖ | ye [je] |
| ㅘ | wa [wa] |
| ㅙ | wae [wæ] |
| ㅝ | wo [wʌ] |
| ㅞ | we [we] |
| ㅢ | ui [wj] |

## 자음

Korean has 19 consonants. Each letters depicted the speech organs. The letter ㄱ depicts the shape of back of tongue touching the velum. The letter ㄴ depicts the shape of the tip of the tongue touching the alveolar ridge. The letter ㅁ depicts the shape that the lips closing. The latter ㅅ depicts the shape of tooth. The letter ㅇ depicts the shape of the throat.

| 자음 | 이름 | 발음 |
|---|---|---|
| ㄱ | 기역 | [k] |
| ㄴ | 니은 | [n] |
| ㄷ | 디귿 | [t] |
| ㄹ | 리을 | [r] or [l] |
| ㅁ | 미음 | [m] |
| ㅂ | 비읍 | [p] |
| ㅅ | 시옷 | [s] |
| ㅇ | 이응 | [ŋ] |
| ㅈ | 지읒 | [tʃ] |
| ㅊ | 치읓 | [tʃʰ] |
| ㅋ | 키읔 | [kʰ] |
| ㅌ | 티읕 | [tʰ] |
| ㅍ | 피읖 | [pʰ] |
| ㅎ | 히읗 | [h] |

Korean consonants are distinguished depending on the different manner of articulation and different place of articulation. You have to be careful to articulate the plain, tense and aspirated consonants. The plain consonants such as ㅂ, ㄷ, ㅅ, ㅈ, ㄱ are made by keeping the muscles of the vocal organs in a normal way. The tense consonants such as ㅃ, ㄸ, ㅆ, ㅉ, ㄲ are made with tension in the muscles. The aspirated consonants such as ㅍ, ㅌ, ㅊ, ㅋ are made by an explosive puff of breath.

| ㅂ | ㄷ | ㅅ | ㅈ | ㄱ |
|---|---|---|---|---|
| ㅃ | ㄸ | ㅆ | ㅉ | ㄲ |
| ㅍ | ㅌ | | ㅊ | ㅋ |

Depending on the different place of articulation, Korean consonants can be divided into bilabials, alveolars, palatals, velars and glottals. Sounds produced with both lips are bilabial sounds (ㅂ,ㅃ, ㅍ,ㅁ). Sounds produced between the tip of the tongue and the alveolar ridge are alveolars (ㄷ,ㄸ, ㅌ,ㅅ,ㅆ,ㄴ,ㄹ). Sounds produced between the front part of the tongue and the palate are alveo-palatals (ㅈ,ㅉ,ㅊ). Sounds produced between the back part of the tongue and the velum are velars (ㄱ,ㄲ,ㅋ,ㅇ). Sounds produced in the glottis are glottals (ㅎ).

## 한국어의 음절 구조

**한국어의 음절 구조에는 네 가지 종류가 있다.**

Hangeul is holding phonemic writing, the letters are uniquely composed in four kinds of syllable units.

### 모음

Vowel itself can be one syllable.

아 우

ㅇ + ㅏ → 아　　ㅇ + ㅗ → 오

ㅇ + ㅓ → 어　　ㅇ + ㅜ → 우

예 아 야 어 여 오 요 우 유 으 이

### 자음 + 모음

Consonant and vowel combines together and makes a syllable.

나 무

ㄱ + ㅏ → 가　　ㅁ + ㅗ → 모

ㅈ + ㅓ → 저　　ㅈ + ㅜ → 주

예 가 자 모 주 채 짜 따 표

## 모음 + 자음

Vowel and consonant comes together and makes a syllable.

앞 융

아 + ㅍ → 앞　　오 + ㅂ → 옵

어 + ㅁ → 엄　　유 + ㅇ → 융

예 앞 엺 엄 옵 융 음 없

## 자음 + 모음 + 자음

Consonant, vowel and consonant combine together and makes a syllable.

밥 값

ㅂ + ㅏ + ㅂ → 밥　　ㅁ + ㅗ + ㅅ → 못

ㅎ + ㅡ + ㄺ → 흙　　ㄱ + ㅏ + ㅄ → 값

예 밥 못 잠 창 문 흙 꽃 값

# 모음 1

# I

1

ㅏ ㅓ ㅗ ㅜ ㅡ ㅣ

## 1 ㅏ ㅓ ㅗ ㅜ ㅡ ㅣ

Track 02

**1**

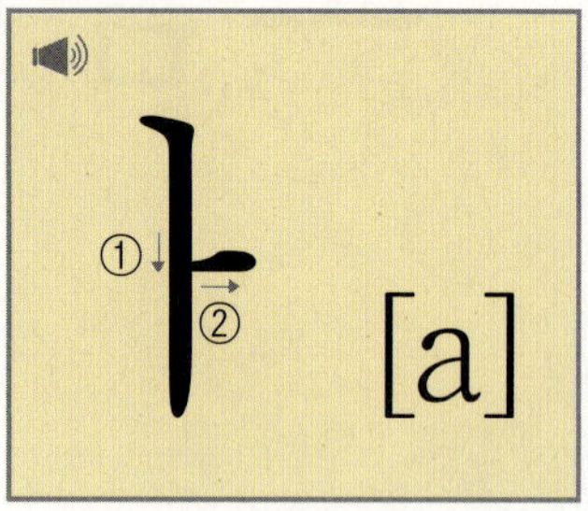


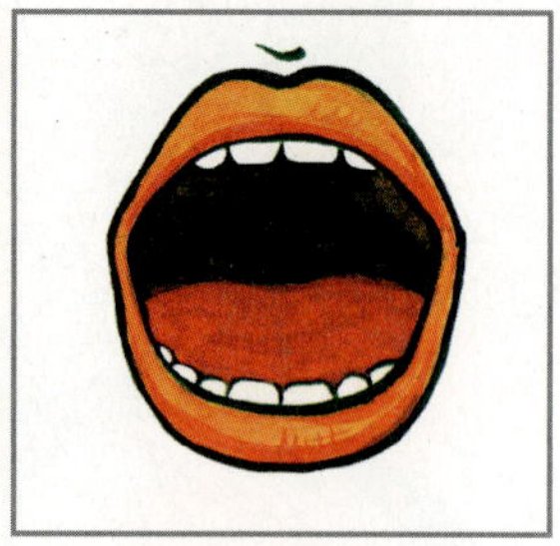

입을 크게 벌려서 [a] 발음을 하세요. 혀의 높이를 낮추고 혀의 뒷부분에서 소리를 내세요.

Open your mouth and say ㅏ. There is a space between the back of the tongue and the soft palate.

• **쓰기연습**

| 아 | 아 | 아 | 아 | 아 | 아 | 아 | 아 |
|---|---|---|---|---|---|---|---|
| | | | | | | | |

**2**

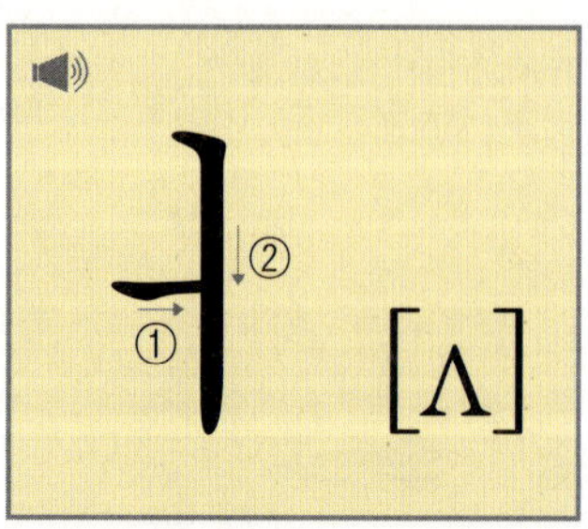

'ㅏ'보다 입을 작게 벌리고 [ʌ] 발음을 하세요. 혀의 높이를 중간으로 하고 혀의 뒷부분에서 소리를 내세요.

Open your mouth and say ㅓ with the root of the tongue pulled back.

• **쓰기연습**

| 어 | 어 | 어 | 어 | 어 | 어 | 어 | 어 |
|---|---|---|---|---|---|---|---|
| | | | | | | | |

**3**

ㅗ [o]

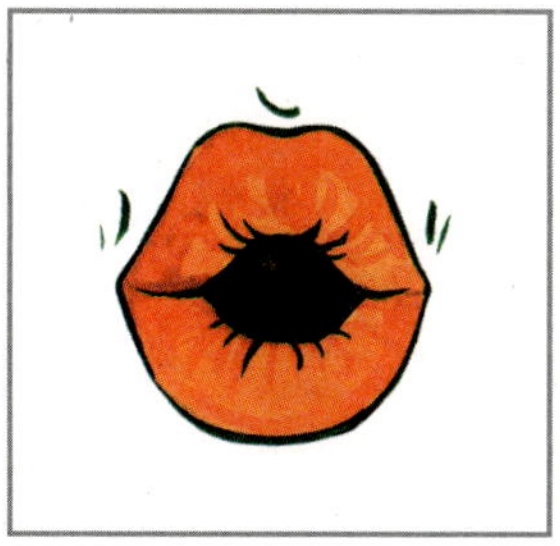

입술을 동그랗게 만들어 [o] 발음을 하세요. 혀를 중간 위치로 하고 혀의 뒷부분에서 소리를 내세요.

The vowel ㅗ is pronounced with rounded lips.

• **쓰기연습**

| 오 | 오 | 오 | 오 | 오 | 오 | 오 | 오 |
|---|---|---|---|---|---|---|---|
| | | | | | | | |

**4**

ㅜ [u]

입술을 동그랗게 만들어 [u] 발음을 하세요. 혀를 입천장 높이까지 올리고 혀의 뒷부분에서 소리를 내세요.

The vowel ㅜ is articulated with rounded lips, too. The back of the tongue approaches to the rear part of the soft palate.

• **쓰기연습**

| 우 | 우 | 우 | 우 | 우 | 우 | 우 | 우 |
|---|---|---|---|---|---|---|---|
| | | | | | | | |

## 5

ㅡ [w]

입을 살짝 벌려 [w] 발음을 하세요. [u]처럼 입천장 가까이로 혀를 올리고 혀의 뒷부분에서 소리를 내세요. 그러나 입술을 동그랗게 만들지 마세요.

The vowel ㅡ is pronounced like ㅜ but without lip rounding.

• 쓰기연습

| 으 | 으 | 으 | 으 | 으 | 으 | 으 | 으 |
|---|---|---|---|---|---|---|---|
| | | | | | | | |

## 6

ㅣ [i]

입을 옆으로 벌려 [i] 발음을 하세요. 혀를 딱딱한 입천장 가까이 올리고 혀의 앞부분에서 소리를 내세요.

The vowel ㅣ is pronounced when the top of the tongue approaches the hard palate.

• 쓰기연습

| 이 | 이 | 이 | 이 | 이 | 이 | 이 | 이 |
|---|---|---|---|---|---|---|---|
| | | | | | | | |

# 연습 exercise

## 읽기

**1.** 다음을 읽어 보세요.

① 아　② 어　③ 오　④ 우　⑤ 으　⑥ 이

**2.** 다음을 읽어 보세요.

(1) 아아아　어어어　이이이　으으으　우우우　오오오

(2) 오오우　으으이　아아어　어어이　이이으　우우오

(3) 오오아으　아이오우　으이아이　으이우어　어이으오

(4) 이으우으이어　어우아이오우　이어아으우오

**3.** 다음 단어를 읽어 보세요.

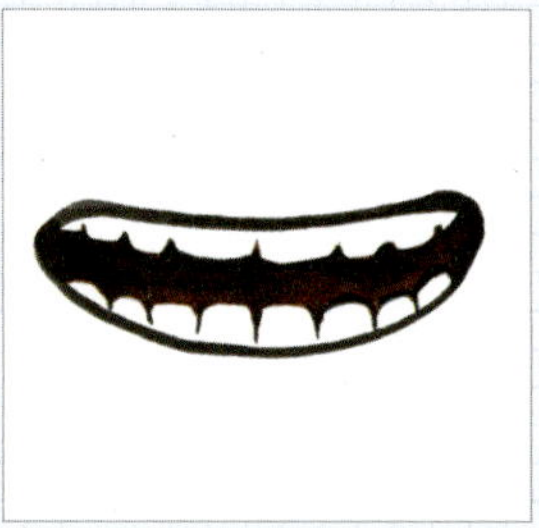

이
teeth

오이
cucumber

아이
child

아우
younger brother/sister

## 듣기

**4.** 잘 듣고 알맞은 곳에 ✔ 표시하세요. Track 03

| | 아 | 어 | 오 | 우 | 으 | 이 |
|---|---|---|---|---|---|---|
| ① | | | | | | |
| ② | | | | | | |
| ③ | | | | | | |
| ④ | | | | | | |
| ⑤ | | | | | | |

**5.** 잘 듣고 연결하세요. Track 04

예 아이 오이 ……

| | |
|---|---|
| ① 아 • | • 우 |
| ② 이 • | • 오 |
| ③ 오 • | • 이 |
| ④ 우 • | • 으 |
| ⑤ 으 • | • 이 |
| ⑥ 이 • | • 아 |

**6.** 듣고 써 보세요. Track 05

## 활동 Tip

활동1 **모음 카드 선택하기**

**준비물** 모음카드 (부록)

선생님의 소리를 듣고 지시한 모음 카드 선택하기

활동2 **모음 카드로 어절 만들기**

모음카드 두 개 이상으로 어절/단어 만들기

# 자음 1

## II

**1**

ㄱ ㄴ ㄷ ㄹ ㅁ

ㅂ ㅅ ㅇ ㅈ

# 1 ㄱ ㄴ ㄷ ㄹ ㅁ ㅂ ㅅ ㅇ ㅈ

Track 06

## 1

ㄱ [k]

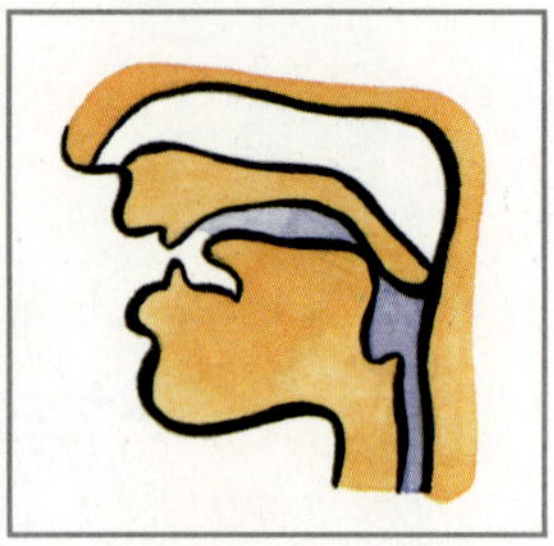

혀의 뒷부분을 부드러운 입천장에 가까이 대고 [k] 발음을 하세요.

The consonant ㄱ is pronounced when the back part of the tongue touching the soft palate.

• **쓰기연습**

| ㄱ | 가 | 거 | 고 | 구 | 그 | 기 |
|---|---|---|---|---|---|---|
| | | | | | | |
| | | | | | | |

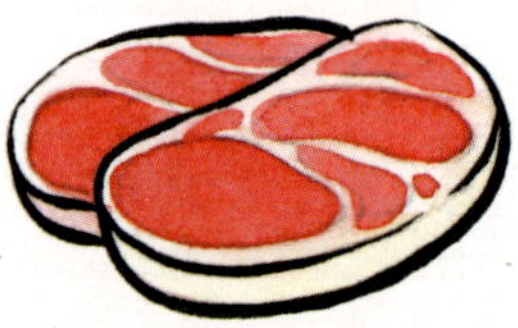

고기

meat

거기

there

## 2

ㄴ [n]

①

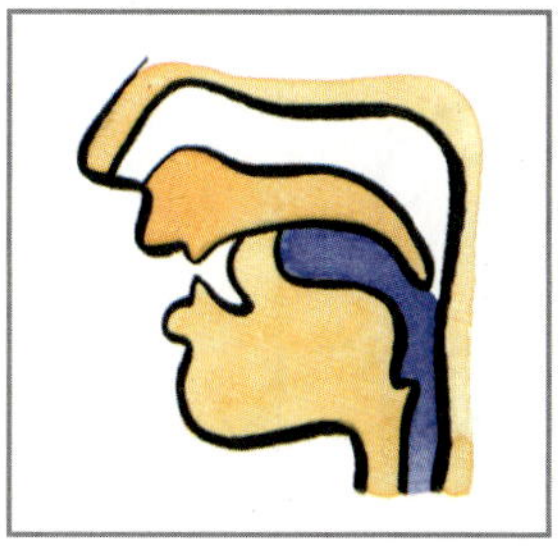

혀끝을 윗잇몸에 붙이고 [n] 발음을 하세요. 이때 공기는 입과 코를 통과해요.

The consonant ㄴ is pronounced when your tongue tip touching the gum ridge.

• 쓰기연습

| ㄴ | 나 | 너 | 노 | 누 | 느 | 니 |
|---|---|---|---|---|---|---|
| | | | | | | |
| | | | | | | |

나

I

누구

who

3

ㄷ [t]

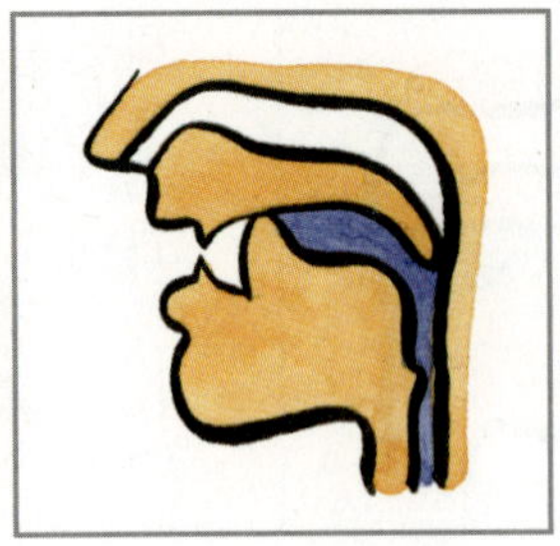

혀끝을 윗잇몸에 붙이고 [t] 발음을 하세요.

The consonant ㄷ is pronounced when the tip of the tongue touches the hard palate.

• 쓰기연습

| ㄷ | 다 | 더 | 도 | 두 | 드 | 디 |
|---|---|---|---|---|---|---|
| | | | | | | |
| | | | | | | |

가다

to go

구두

shoes

**4** ㄹ [r]

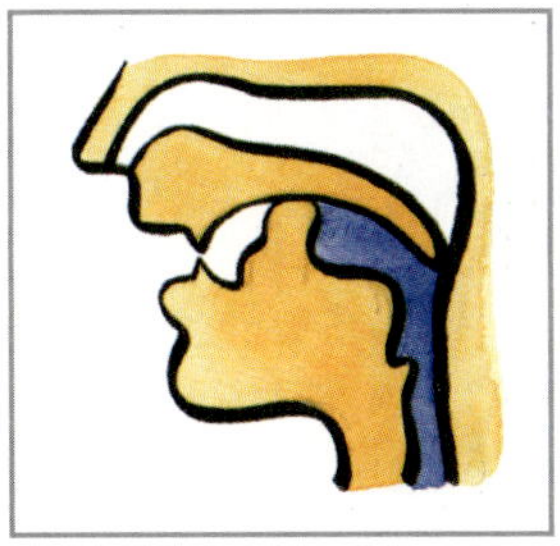

혀끝을 윗잇몸에 붙이고 [r] 발음을 하세요.

The consonant ㄹ is pronounced when front part of the tongue curved near alveolar ridge. It is pronounced like the so called English light l that appears before a vowel.

• 쓰기연습

| ㄹ | 라 | 러 | 로 | 루 | 르 | 리 |
|---|---|---|---|---|---|---|
| | | | | | | |
| | | | | | | |

라디오

radio

도로

road

## 5

ㅁ [m]

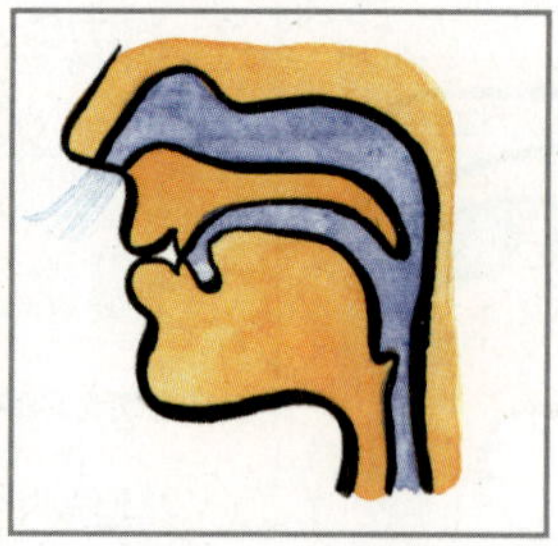

두 입술을 붙였다가 살짝 떼면서 [m] 발음을 하세요. 이때 공기는 입과 코를 통과해요.

The consonant ㅁ is pronounced by using both lips. The air is released through a nasal track.

• **쓰기연습**

| ㅁ | 마 | 머 | 모 | 무 | 므 | 미 |
|---|---|---|---|---|---|---|
| | | | | | | |
| | | | | | | |

나무

tree

머리

head

## 6

ㅂ [p]

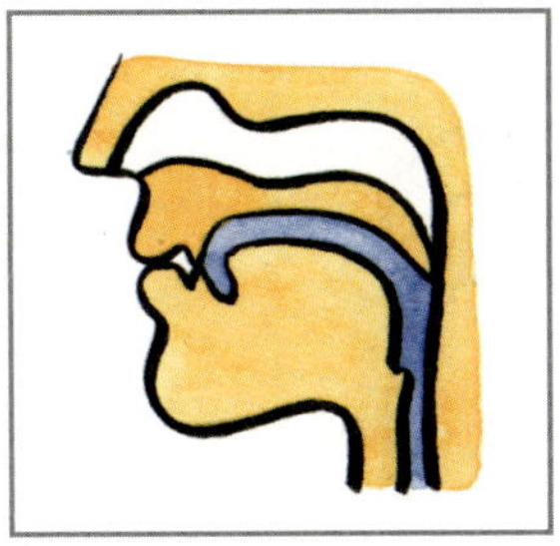

두 입술을 붙였다가 살짝 떼면서 [p] 발음을 하세요. 입으로 공기를 내보내세요.

The consonant ㅂ is pronounced by using both lips. The air is released through a vocal track.

• **쓰기연습**

| ㅂ | 바 | 버 | 보 | 부 | 브 | 비 |
|---|---|---|---|---|---|---|
| | | | | | | |
| | | | | | | |

부모

parents

비누

soap

**7** ①ㅅ② [s]

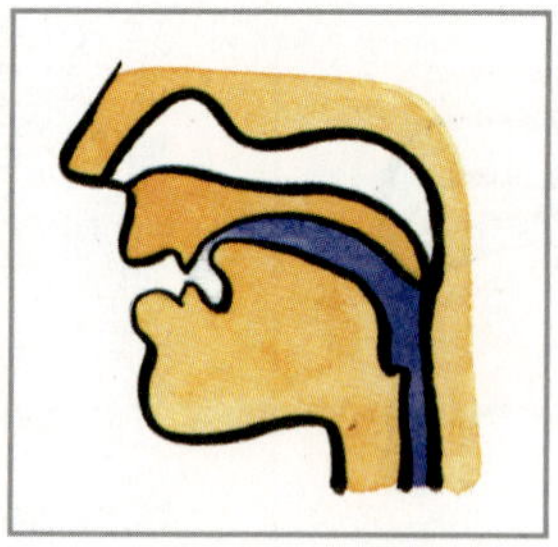

혀끝을 윗잇몸 가까이에 대세요. 그 사이로 [s] 발음을 하세요.

The consonant ㅅ is pronounced when tip of tongue approaches to the gum ridge.

• **쓰기연습**

| ㅅ | 사 | 서 | 소 | 수 | 스 | 시 |
| --- | --- | --- | --- | --- | --- | --- |
| | | | | | | |
| | | | | | | |

버스

bus

소

cow

## 8

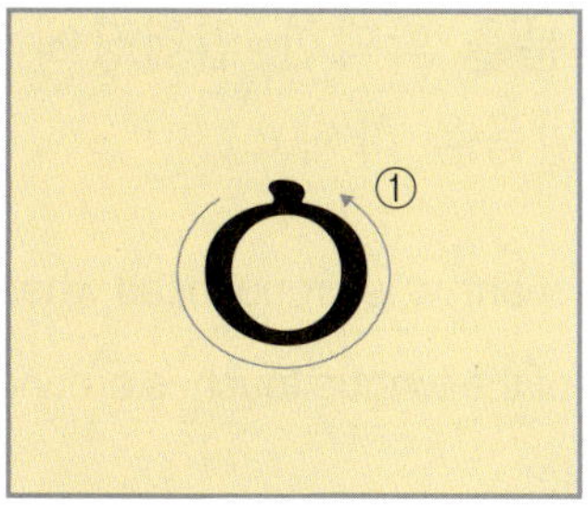

모음 앞에서 소리가 나지 않아요.

The consonant ㅇ is not pronounced before the vowels.

• 쓰기연습

| ㅇ | 아 | 어 | 오 | 우 | 으 | 이 |
|---|---|---|---|---|---|---|
| | | | | | | |
| | | | | | | |

아이

child

오이

cucumber

**9**

ㅈ [tʃ]

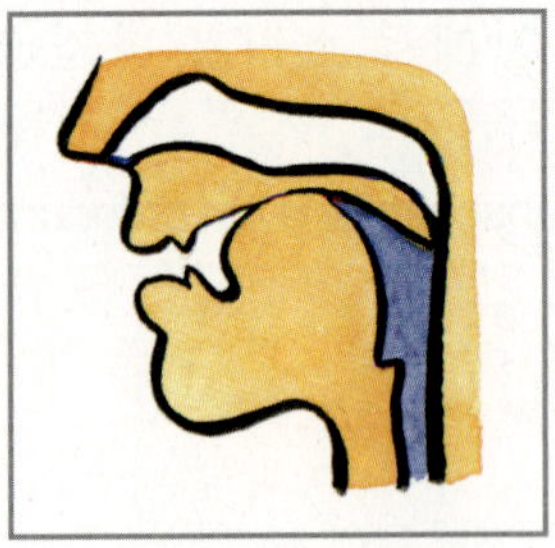

혀 앞부분을 딱딱한 입천장에 붙이고 [tʃ] 발음을 하세요.

The consonant ㅈ is pronounced when front part of the tongue touches around hard palate.

• 쓰기연습

| ㅈ | 자 | 저 | 조 | 주 | 즈 | 지 |
|---|---|---|---|---|---|---|
| | | | | | | |
| | | | | | | |

주스

juice

모자

hat

# 연습 exercise

## 읽기

**1.** 다음 음절을 읽어 보세요.

(1) 가 너 도 두 리 머 바 사 우 저

(2) 가나 너더 러모 리미 사비 자가 루루무 바버소

(3) 고기 누나 다리 도로 모기 비누 모자

**2.** 다음 음절표를 읽어 보세요.

| 모음 / 자음 | ㅏ | ㅓ | ㅗ | ㅜ | ㅡ | ㅣ |
|---|---|---|---|---|---|---|
| ㄱ | 가 | 거 | 고 | 구 | 그 | 기 |
| ㄴ | 나 | 너 | 노 | 누 | 느 | 니 |
| ㄷ | 다 | 더 | 도 | 두 | 드 | 디 |
| ㄹ | 라 | 러 | 로 | 루 | 르 | 리 |
| ㅁ | 마 | 머 | 모 | 무 | 므 | 미 |
| ㅂ | 바 | 버 | 보 | 부 | 브 | 비 |
| ㅅ | 사 | 서 | 소 | 수 | 스 | 시 |
| ㅇ | 아 | 어 | 오 | 우 | 으 | 이 |
| ㅈ | 자 | 저 | 조 | 주 | 즈 | 지 |

## 듣기

**3.** 다음을 듣고 맞는 것을 고르세요. Track 07

(1) ① 가　　② 거

(2) ① 나　　② 노

(3) ① 도　　② 두

(4) ① 루　　② 르

(5) ① 미　　② 므

(6) ① 바　　② 마

(7) ① 소　　② 조

(8) ① 수　　② 주

## 쓰기

**4.** 다음을 듣고 단어를 쓰세요. Track 08

(1) ______________________________

(2) ______________________________

(3) ______________________________

(4) ______________________________

(5) ______________________________

**5.** 다음 음절표를 채워 보세요.

| 모음<br>자음 | ㅏ | ㅓ | ㅗ | ㅜ | ㅡ | ㅣ |
|---|---|---|---|---|---|---|
| ㄱ | 가 | | | | | |
| ㄴ | | | | 누 | | |
| ㄷ | | | 도 | | | |
| ㄹ | | | | | | |
| ㅁ | 마 | | | | | |
| ㅂ | | | | | | |
| ㅅ | | 서 | | | | |
| ㅇ | | | | | 으 | |
| ㅈ | | | | | | 지 |

## 활동 Tip

**활동 1** **첫 소리 카드 선택하기**

**준비물** 자음카드(ㄱ, ㄴ, ㄷ, ㄹ, ㅁ, ㅂ, ㅅ, ㅇ, ㅈ)

선생님의 소리를 듣고 첫 소리에 해당하는 카드 선택하기

예 가 → 'ㄱ' 카드 선택

**활동 2** **자음 카드와 모음 카드로 소리 듣고 만들기**

예 가 → 'ㄱ' 카드와 'ㅣ' 가드 선택

# III 자음 2

## 격음

ㅊ ㅋ ㅌ ㅍ ㅎ

## 경음

ㄲ ㄸ ㅃ ㅆ ㅉ

## 격음 ㅊ ㅋ ㅌ ㅍ ㅎ

Track 09

**1**

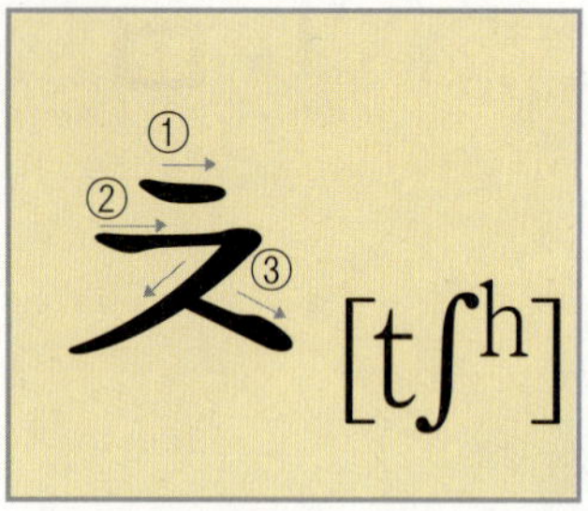


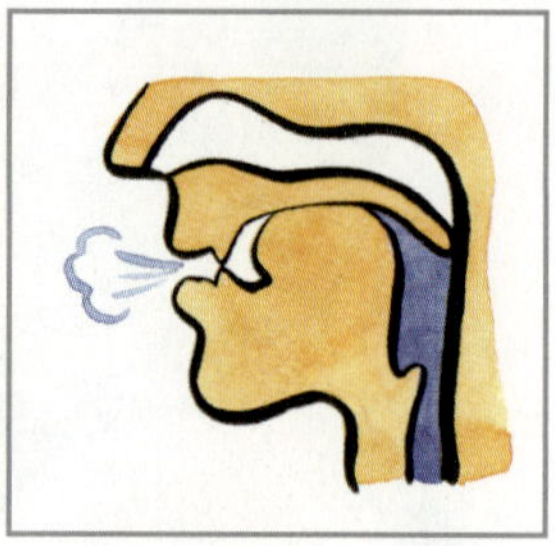

혀 앞부분을 딱딱한 입천장에 붙이고 [tʃʰ] 발음을 하세요. 입에서 바람을 세게 내보내세요.

The consonant ㅊ is an aspirated consonant which is pronounced with a puff of air. The sound of ㅊ occurs at hard palate.

• 쓰기연습

| ㅊ | 차 | 처 | 초 | 추 | 츠 | 치 |
|---|---|---|---|---|---|---|
| | | | | | | |
| | | | | | | |

기차

train

치마

skirt

## 2

ㅋ [kʰ]

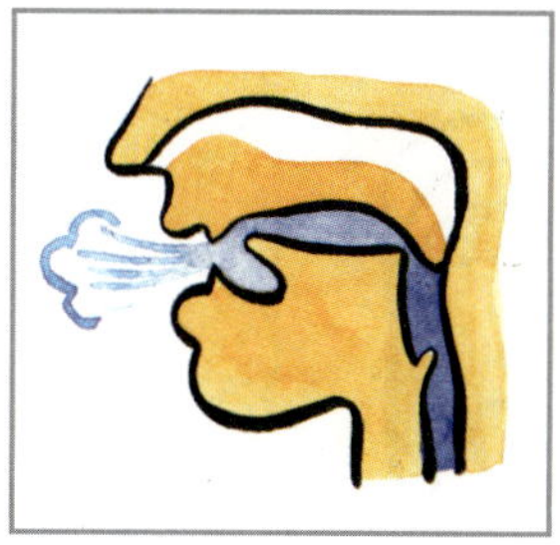

혀 뒷부분을 부드러운 입천장 가까이 대고 [kʰ] 발음을 하세요. 입에서 바람을 세게 내보내세요.

The consonant ㅋ is an aspirated consonants which is also pronounced with a puff of air. Back part of the tongue raises to the soft palate.

• 쓰기연습

| ㅋ | 카 | 커 | 코 | 쿠 | 크 | 키 |
|---|---|---|---|---|---|---|
| | | | | | | |
| | | | | | | |

커피

coffee

카드

card

## 3

ㅌ $[t^h]$

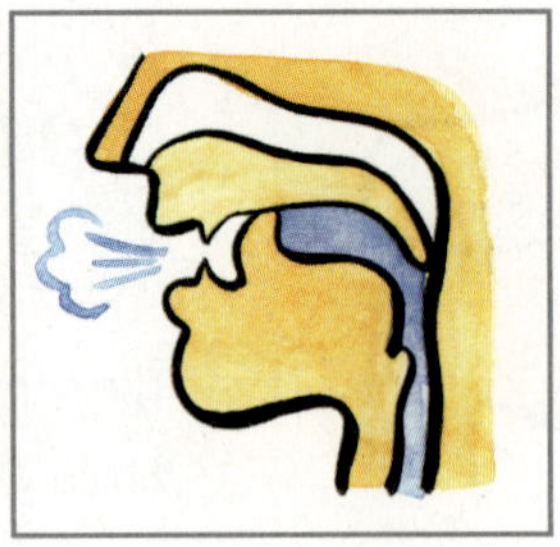

혀끝을 윗잇몸에 붙이고 $[t^h]$ 발음을 하세요. 입에서 바람을 세게 내보내세요.

The consonant ㅌ is an aspirated consonant which is pronounced with a puff of air. Sound occurs when tip of the tongue raises to gum ridge.

• **쓰기연습**

| ㅌ | 타 | 터 | 토 | 투 | 트 | 티 |
|---|---|---|---|---|---|---|
| | | | | | | |
| | | | | | | |

타조

ostrich

토끼

rabbit

**4**

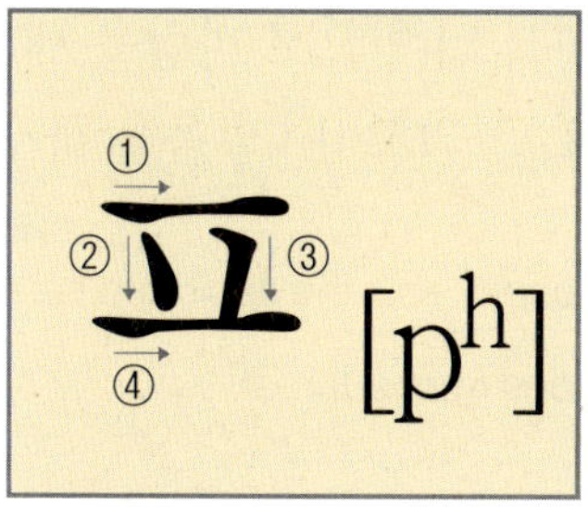


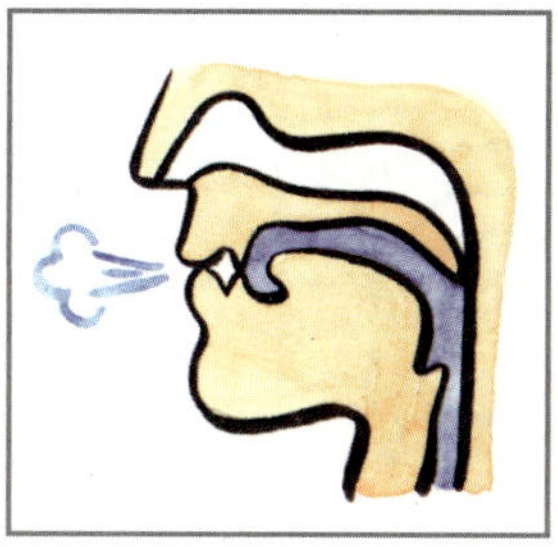

입술을 붙였다가 떼면서 [pʰ] 발음을 하세요. 입에서 바람을 세게 내보내세요.

The consonant ㅍ is an aspirated consonant which is pronounced with a puff of air. The air escapes through both lips.

• 쓰기연습

| ㅍ | 파 | 퍼 | 포 | 푸 | 프 | 피 |
|---|---|---|---|---|---|---|
| | | | | | | |
| | | | | | | |

포도

grape

피아노

piano

5

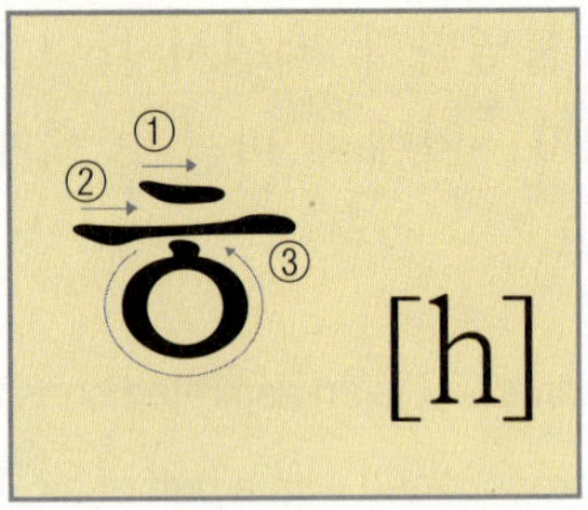


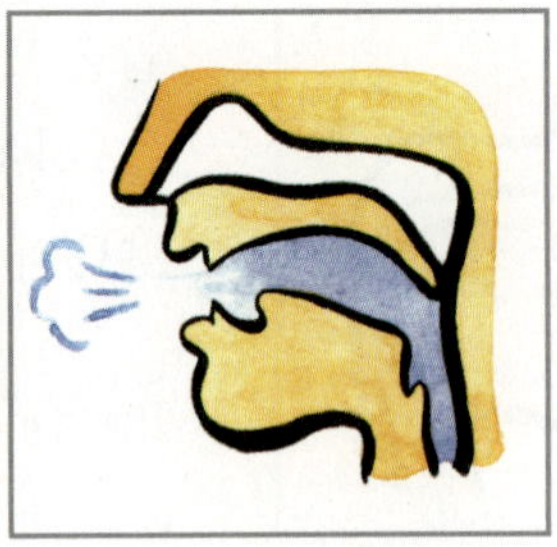

목구멍에서 입 밖으로 바람을 세게 내보내세요. 그리고 [h] 발음을 하세요.

The consonant ㅎ is the aspirated sound which comes from a throat.

• 쓰기연습

| ㅎ | 하 | 허 | 호 | 후 | 흐 | 히 |
|---|---|---|---|---|---|---|
| | | | | | | |
| | | | | | | |

하마

hippo

호두

walunt

# 연습 exercise

## 읽기

**1.** 다음 음절을 읽어 보세요.

(1) 차 처 추 카 코 쿠 터 티 투

피 포 푸 후 하 히

(2) 차 카 터 피 후

(3) 기차 카드 토끼 포도 하마

**2.** 다음 음절표를 읽어 보세요.

| 자음 \ 모음 | ㅏ | ㅓ | ㅗ | ㅜ | ㅡ | ㅣ |
|---|---|---|---|---|---|---|
| ㅊ | 차 | 처 | 초 | 추 | 츠 | 치 |
| ㅋ | 카 | 커 | 코 | 쿠 | 크 | 키 |
| ㅌ | 타 | 터 | 토 | 투 | 트 | 티 |
| ㅍ | 파 | 퍼 | 포 | 푸 | 프 | 피 |
| ㅎ | 하 | 허 | 호 | 후 | 흐 | 히 |

## 듣기

**3.** 다음을 듣고 맞는 것을 고르세요. Track 10

(1) ① 가 ② 카

(2) ① 주 ② 추

(3) ① 드 ② 트

(4) ① 버 ② 퍼

(5) ① 우 ② 후

## 쓰기

**4.** 다음 음절표를 채워 보세요.

| 모음 / 자음 | ㅏ | ㅓ | ㅗ | ㅜ | ㅡ | ㅣ |
|---|---|---|---|---|---|---|
| ㅊ | 차 | | | | | |
| ㅋ | | 커 | | | | |
| ㅌ | | | 토 | | | |
| ㅍ | | | | 푸 | | |
| ㅎ | | | | | 흐 | |

### 활동 Tip

**활동 1** **빙고 게임 하기**

**준비물** 종이, 연필

| 차 | | | |
|---|---|---|---|
| | 타 | | |
| | | 파 | |
| 사 | | | 카 |

1. 지금까지 배운 글자를 하나씩 쓴다.
   돌아가면서 글자를 하나씩 말한다.
   해당되는 글자를 지운다.
   한 줄을 다 지우면 이긴다.
2. "첫 소리가 'ㅋ' 인 글자, 모음이 'ㅏ' 인 글자"
   처럼 지우는 범위를 넓혀도 재미있다.

## 경음 ㄲ ㄸ ㅃ ㅆ ㅉ

Track 11

1

ㄲ ①② [k']

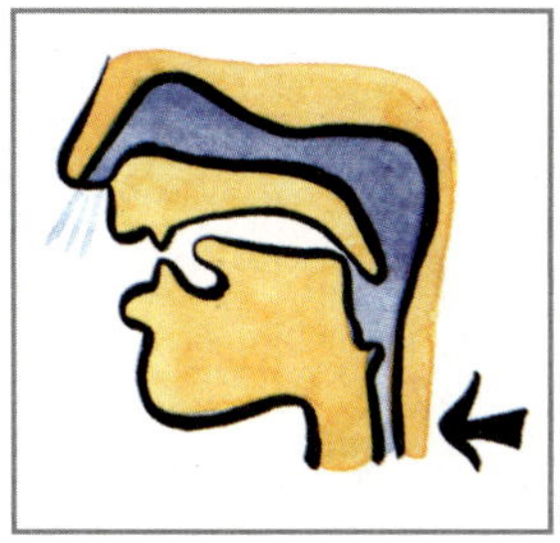

혀의 뒷부분을 부드러운 입천장에 가까이 대고 복 근육에 힘을 주세요. 그리고 [k'] 발음을 하세요.

The consonant ㄲ is pronounced with muscle tension. It is pronounced when the back part of the tongue raises to the soft palate.

• 쓰기연습

| ㄲ | 까 | 꺼 | 꼬 | 꾸 | 끄 | 끼 |
| --- | --- | --- | --- | --- | --- | --- |
| | | | | | | |
| | | | | | | |

꼬리

tail

도끼

ax

## 2

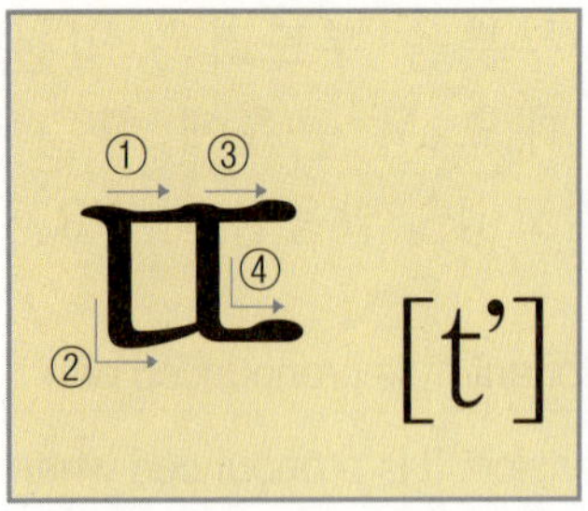


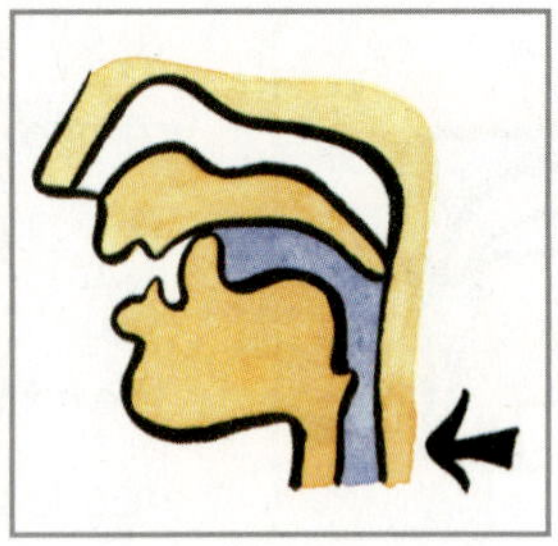

혀끝을 윗잇몸에 붙이고 목 근육에 힘을 주세요. 그리고 [t'] 발음을 하세요.

The consonant ㄸ is pronounced with muscle tension. The tip of the tongue touches the upper gum.

• 쓰기연습

| ㄸ | 따 | 떠 | 또 | 뚜 | 뜨 | 띠 |
|---|---|---|---|---|---|---|
| | | | | | | |
| | | | | | | |

따다

to pick

떠나다

to leave

**3**

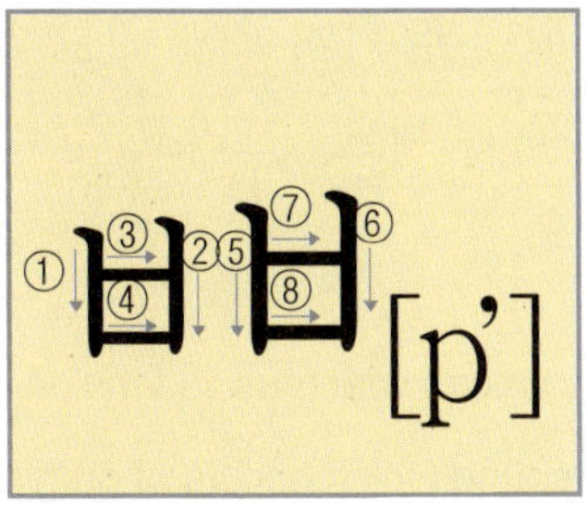


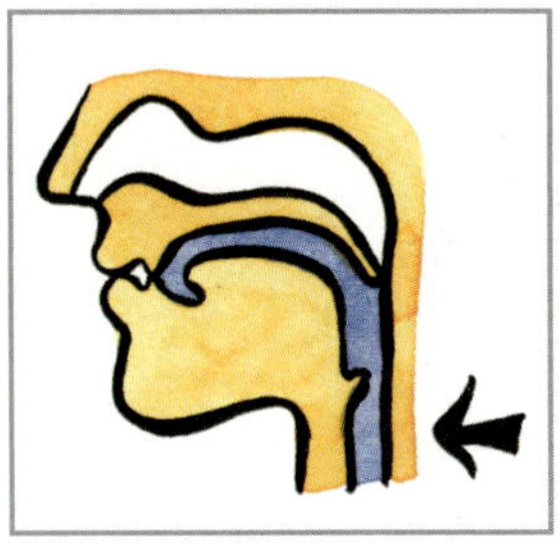

두 입술을 붙이고 목 근육에 힘을 주세요. 그리고 [p'] 발음을 하세요.

The consonant ㅃ is pronounced with muscle tension. Sound occurs at both lips.

• 쓰기연습

| ㅃ | 빠 | 뻐 | 뽀 | 뿌 | 쁘 | 삐 |
|---|---|---|---|---|---|---|
| | | | | | | |
| | | | | | | |

뿌리

root

아빠

dad

**4**

ㅆ [s']

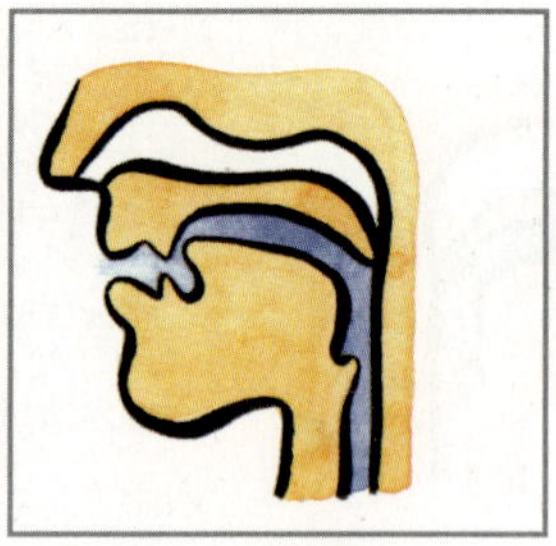

혀끝을 윗잇몸 가까이에 대고 목 근육에 힘을 주세요. 그리고 [s'] 발음을 하세요.

ㅆ is pronounced with muscle tension. ㅆ is a hissing sound which occurs at gum ridge.

• **쓰기연습**

| ㅆ | 싸 | 써 | 쏘 | 쑤 | 쓰 | 씨 |
|---|---|---|---|---|---|---|
| | | | | | | |
| | | | | | | |

쓰다

to write

씨

seed

**5** ㅉ [tʃ']

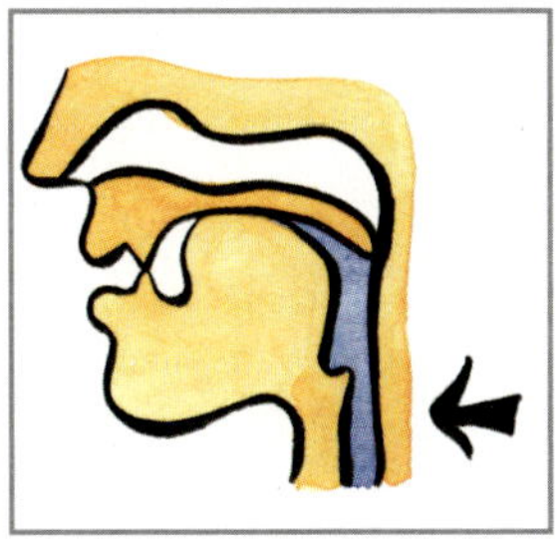

혀 앞부분을 딱딱한 입천장에 붙이고 목 근육에 힘을 주세요. 그리고 [tʃ'] 발음을 하세요.

ㅉ is pronounced with muscle tension. The place of articulation is similar to ㅈ but the manner of articulation is different.

• 쓰기연습

| ㅉ | 짜 | 쩌 | 쪼 | 쭈 | 쯔 | 찌 |
|---|---|---|---|---|---|---|
| | | | | | | |
| | | | | | | |

짜다

to be salty

# 연습 exercise

## 읽기

**1.** 다음 음절을 읽어 보세요.

(1) 까 꺼 꾸 따 또 뜨 뻐 뽀

뿌 싸 써 쑤 쭈 짜 찌

(2) 꼬리 아빠 쓰다 짜다 뿌리 따다

**2.** 다음 음절표를 읽어 보세요.

| 자음 \ 모음 | ㅏ | ㅓ | ㅗ | ㅜ | ㅡ | ㅣ |
|---|---|---|---|---|---|---|
| ㄲ | 까 | 꺼 | 꼬 | 꾸 | 끄 | 끼 |
| ㄸ | 따 | 떠 | 또 | 뚜 | 뜨 | 띠 |
| ㅃ | 빠 | 뻐 | 뽀 | 뿌 | 쁘 | 삐 |
| ㅆ | 싸 | 써 | 쏘 | 쑤 | 쓰 | 씨 |
| ㅉ | 짜 | 쩌 | 쪼 | 쭈 | 쯔 | 찌 |

## 듣기

**3.** 다음을 듣고 발음하는 음절을 골라 보세요. Track 12

| |  |  |  |
|---|---|---|---|
| (1) | ① 가 | ② 까 | ③ 카 |
| (2) | ① 고 | ② 꼬 | ③ 코 |
| (3) | ① 다 | ② 따 | ③ 타 |
| (4) | ① 바 | ② 빠 | ③ 파 |
| (5) | ① 보 | ② 뽀 | ③ 포 |
| (6) | ① 사 | ② 싸 | ③ 써 |
| (7) | ① 자 | ② 짜 | ③ 차 |
| (8) | ① 지 | ② 찌 | ③ 치 |

**4.** 다음을 듣고 맞는 단어를 골라 보세요. Track 13

(1) ① 비 ② 피

(2) ① 비자 ② 피자

(3) ① 부리 ② 뿌리

(4) ① 도끼 ② 토끼

(5) ① 도로 ② 토로

(6) ① 시 ② 씨

(7) ① 자 ② 차

(8) ① 저 ② 처

(9) ① 자다 ② 짜다

(10) ① 찌다 ② 치다

(11) ① 끄다 ② 크다

쓰기

**5.** 다음 음절표를 채워 보세요.

| 자음 \ 모음 | ㅏ | ㅓ | ㅗ | ㅜ | ㅡ | ㅣ |
|---|---|---|---|---|---|---|
| ㄲ | 까 | | | | | |
| ㄸ | | | 또 | | | |
| ㅃ | | 뻐 | | | | |
| ㅆ | | | | | 쓰 | |
| ㅉ | | | | 쭈 | | |

## 활동 Tip

**활동 1** **"1번, 2번?" 게임**

**준비물** 1번, 2번이 써 있는 쉬운 단어 번호 카드로 각각 하나씩

**1.** 선생님이 두 음절을 이야기하면 해당되는 자음이 첫 번째 나오는지 두 번째 나오는지 맞히는 게임. 가장 많이 맞히는 사람, 혹은 팀이 승리한다.

예 선생님이 해당되는 자음을 먼저 칠판에 쓴다. ㅊ

선생님이 두 음절을 말한다. : "기차"
학생들은 'ㅊ'가 첫 번째 음절에 나온다고 생각하면 '1'을, 두 번째 나온다고 생각하면 '2'를 든다.

**2.** 음절을 세 개로 늘려도 괜찮다. 'ㅈ'와 'ㅊ', 'ㅊ'와 'ㅉ' 등을 같이 비교해 본다.

# 모음 2

IV

**1**

ㅑ ㅕ ㅛ ㅠ

**2**

ㅐ ㅒ ㅔ ㅖ
ㅘ ㅙ ㅚ
ㅝ ㅞ ㅟ ㅢ

## 1 ㅑ ㅕ ㅛ ㅠ

Track 14

1

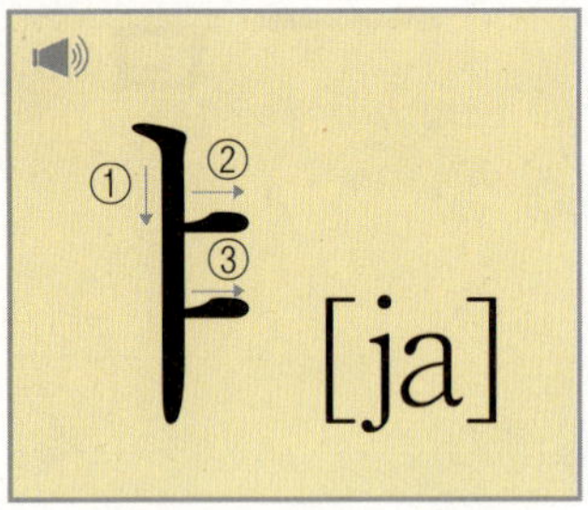


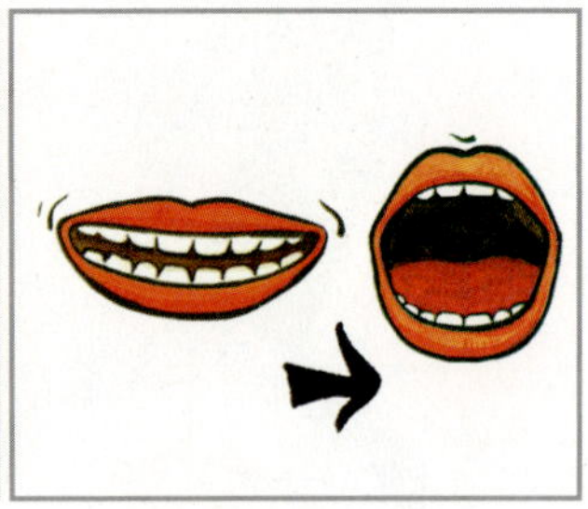

'ㅣ'를 짧게 발음한 후에 'ㅏ'를 바로 이어 발음하세요.

The vowel ㅑ is a diphthong which consists of two vowels. After pronouncing the sound of ㅣ, ㅏ sound immediately follows after the first sound.

• 쓰기연습

| 갸 | 냐 | 댜 | 랴 | 먀 | 뱌 | 샤 | 야 |
|---|---|---|---|---|---|---|---|
| | | | | | | | |
| | | | | | | | |

이야기

story

야구

baseball

## 2

ㅕ [jʌ]

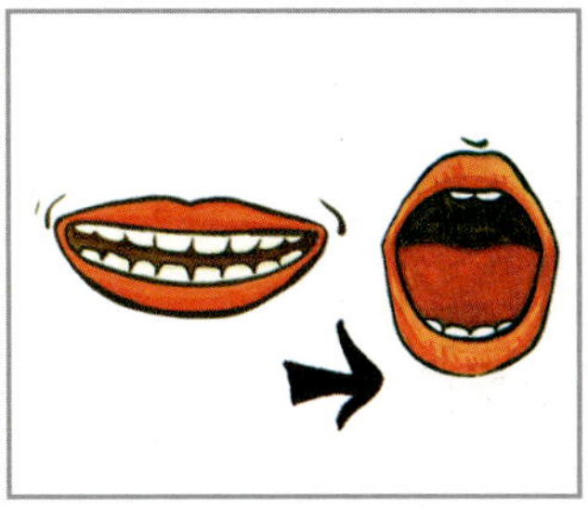

'ㅣ'를 짧게 발음한 후에 'ㅓ'를 바로 이어 발음하세요.

The vowel ㅕ is a diphthong which consists of two vowels. After pronouncing the sound of ㅣ, ㅓ sound immediately follows after the first sound.

• 쓰기연습

| 겨 | 녀 | 뎌 | 려 | 며 | 벼 | 셔 | 여 |
|---|---|---|---|---|---|---|---|
| | | | | | | | |
| | | | | | | | |

여우

fox

여자

woman

## 3

ㅛ [jo]

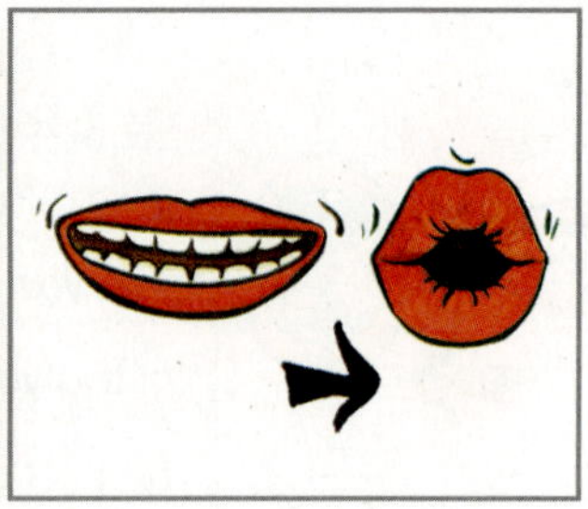

'ㅣ'를 짧게 발음한 후에 'ㅗ'를 바로 이어 발음하세요.

The vowel ㅛ is a diphthong which consists of two vowels. After pronouncing the sound of ㅣ, ㅗ sound immediately follows after the first sound.

• 쓰기연습

| 교 | 뇨 | 됴 | 료 | 묘 | 뵤 | 쇼 | 요 |
|---|---|---|---|---|---|---|---|
| | | | | | | | |
| | | | | | | | |

요가

yoga

우표

stamp

## 4

ㅠ [ju]

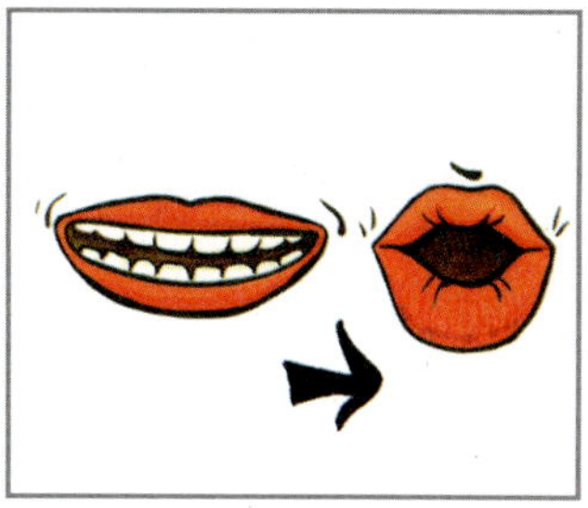

'ㅣ'를 짧게 발음한 후에 'ㅜ'를 바로 이어 발음하세요.

The vowel ㅠ is a diphthong which consists of two vowels. After pronouncing the sound of ㅣ, ㅜ sound immediately follows after the first sound.

• 쓰기연습

| 규 | 뉴 | 듀 | 류 | 뮤 | 뷰 | 슈 | 유 |
|---|---|---|---|---|---|---|---|
| | | | | | | | |
| | | | | | | | |

우유

milk

유리

glass

# 연습 exercise

## 읽기

**1.** 다음 음절을 읽어 보세요.

(1) 야야야 여여여 요요요 유유유

(2) 야야여여요 여여요요유 유유야야여

(3) 요리 우유 여우 이야기 우표 야구

**2.** 다음 음절표를 읽어 보세요.

| 모음 / 자음 | ㅑ | ㅕ | ㅛ | ㅠ |
|---|---|---|---|---|
| ㄱ | 갸 | 겨 | 교 | 규 |
| ㄴ | 냐 | 녀 | 뇨 | 뉴 |
| ㄷ | 댜 | 뎌 | 됴 | 듀 |
| ㄹ | 랴 | 려 | 료 | 류 |
| ㅁ | 먀 | 며 | 묘 | 뮤 |

## 듣기

**3.** 다음을 듣고 발음하는 음절을 골라 보세요. Track 15

(1) ① 갸 ② 겨 ③ 교

(2) ① 교 ② 규 ③ 겨

(3) ① 뎌 ② 됴 ③ 댜

(4) ① 뱌 ② 벼 ③ 뷰

(5) ① 료 ② 류 ③ 려

(6) ① 셔 ② 쇼 ③ 샤

(7) ① 뮤 ② 묘 ③ 며

**4.** 다음을 듣고 맞는 단어를 골라 보세요. Track 16

(1) ① 보 ② 뵤

(2) ① 오리 ② 요리

(3) ① 모자 ② 묘사

(4) ① 거수 ② 겨수

(5) ① 호두 ② 효도

(6) ① 모기 ② 묘기

(7) ① 아구 ② 야구

(8) ① 우리 ② 유리

(9) ① 기우 ② 기류

(10) ① 사모 ② 사며

## 쓰기

**5.** 다음 음절표를 채워 보세요.

| 모음<br>자음 | ㅑ | ㅕ | ㅛ | ㅠ |
|---|---|---|---|---|
| ㄱ | 갸 | | | |
| ㄴ | | 녀 | | |
| ㄷ | | | 됴 | |
| ㄹ | | | | 류 |
| ㅁ | | 며 | | |

## 활동 Tip

**활동 1** **"1번, 2번?" 게임**

**준비물** 1번, 2번이 써 있는 팻말

1. 선생님이 두 음절을 이야기하면 해당되는 자음이 첫 번째 나오는지 두 번째 나오는지 맞히는 게임이다. 가장 많이 맞히는 사람, 혹은 팀이 승리한다.

   예 선생님이 해당되는 모음을 먼저 칠판에 쓴다. ㅠ

   선생님이 두 음절을 말한다. : "우유"
   학생들은 'ㅠ'가 첫 번째 음절에 나온다고 생각하면 '1'을, 두 번째 나온다고 생각하면 '2'를 든다.

2. 음절을 세 개로 늘려도 괜찮다. 'ㅏ'와 'ㅑ', 'ㅡ'와 'ㅣ' 등을 같이 비교할 수 있으면 좋다.

## 2 ㅐ ㅒ ㅔ ㅖ ㅘ ㅙ ㅚ ㅝ ㅞ ㅟ ㅢ

Track 17

1 ㅐ [æ]

혀의 높이를 아래로 낮추고 혀의 앞 부분에서 [æ] 발음을 하세요.

The vowel ㅐ is a low front vowel. Place your tongue as low as you can.

• 쓰기연습

| 개 | 내 | 대 | 래 | 매 | 배 | 새 | 애 |
|---|---|---|---|---|---|---|---|
| | | | | | | | |
| | | | | | | | |

개미

ant

새

bird

## 2

ㅒ [jæ]

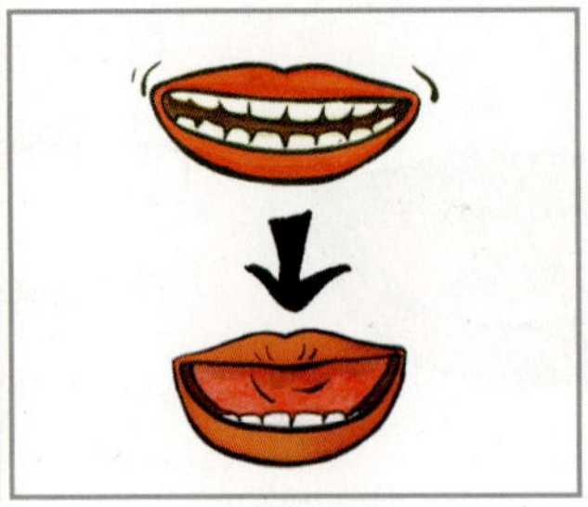

'ㅣ'를 짧게 발음한 후에 'ㅐ'를 바로 이어 발음하세요.

The vowel ㅒ is a diphthong which consists of two vowels. After pronouncing the sound of ㅣ, ㅐ sound immediately follows after the first sound.

• 쓰기연습

| 걔 | 내 | 대 | 래 | 매 | 배 | 새 | 얘 |
|---|---|---|---|---|---|---|---|
| | | | | | | | |
| | | | | | | | |

얘기

story

## 3 ㅔ [e]

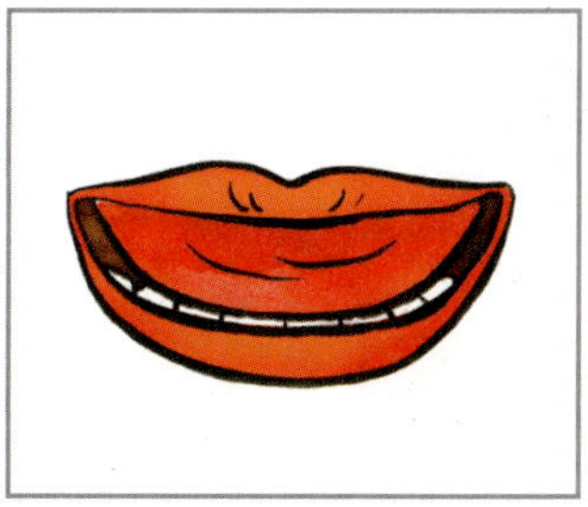

혀의 높이를 중간으로 하고 혀의 앞 부분에서 [e] 발음을 하세요.

The vowel ㅔ is a mid front vowel.

• 쓰기연습

| 게 | 네 | 데 | 레 | 메 | 베 | 세 | 에 |
|---|---|---|---|---|---|---|---|
| | | | | | | | |
| | | | | | | | |

메뉴

menu

**4** ㅖ [je]

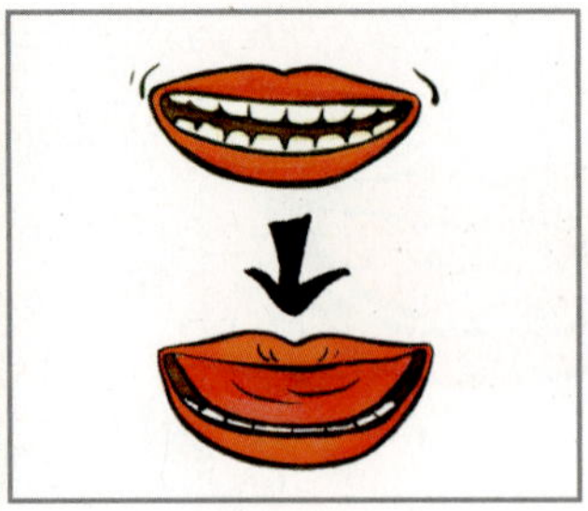

'ㅣ'를 짧게 발음한 후에 'ㅔ'를 바로 이어 발음하세요.

The vowel ㅖ is a diphthong which consists of two vowels. After pronouncing the sound of ㅣ, ㅔ sound immediately follows after the first sound.

• 쓰기연습

| 계 | 녜 | 뎨 | 례 | 몌 | 볘 | 셰 | 예 |
|---|---|---|---|---|---|---|---|
| | | | | | | | |
| | | | | | | | |

세계

world

## 5 ㅘ [wa]

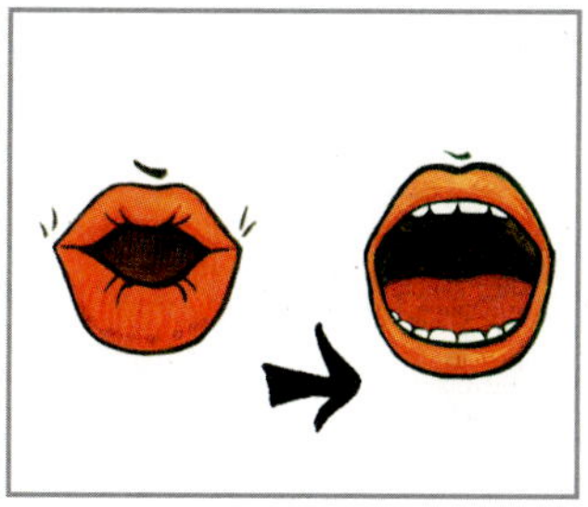

'ㅜ'를 짧게 발음한 후에 'ㅏ'를 바로 이어 발음하세요.

The vowel ㅘ is a diphthong which consists of two vowels. After pronouncing the sound of ㅜ, ㅏ sound immediately follows after the first sound.

• 쓰기연습

| 과 | 놔 | 돠 | 롸 | 뫄 | 봐 | 솨 | 와 |
|---|---|---|---|---|---|---|---|
| | | | | | | | |
| | | | | | | | |

사과

apple

## 6

ㅙ[wæ]

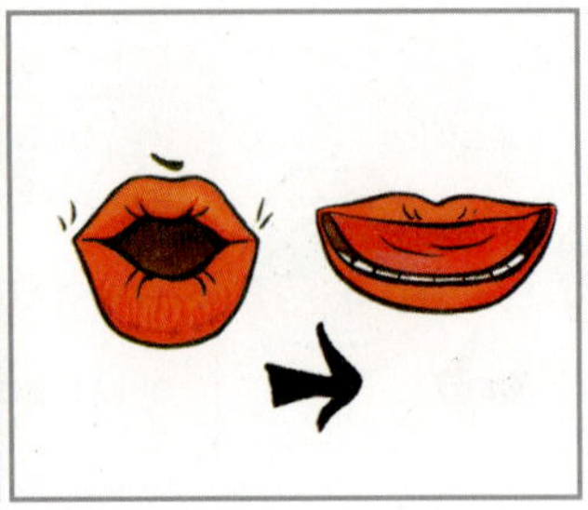

'ㅜ'를 짧게 발음한 후에 'ㅐ'를 바로 이어 발음하세요.

The vowel ㅙ is a diphthong which consists of two vowels. After pronouncing the sound of ㅜ, ㅐ sound immediately follows after the first sound.

• 쓰기연습

| 괘 | 놰 | 돼 | 뢔 | 뫠 | 봬 | 쇄 | 왜 |
|---|---|---|---|---|---|---|---|
| | | | | | | | |
| | | | | | | | |

왜

why

7

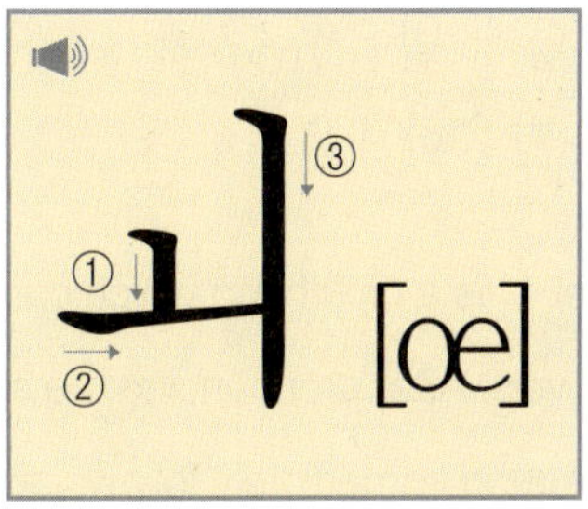

'ㅜ'를 짧게 발음한 후에 'ㅔ'를 바로 이어 발음하세요.

The vowel ㅚ is a diphthong which consists of two vowels. After pronouncing the sound of ㅜ, ㅔ sound immediately follows after the first sound.

• 쓰기연습

| 괴 | 뇌 | 되 | 뢰 | 뫼 | 뵈 | 쇠 | 외 |
|---|---|---|---|---|---|---|---|
| | | | | | | | |
| | | | | | | | |

회의

meeting

8

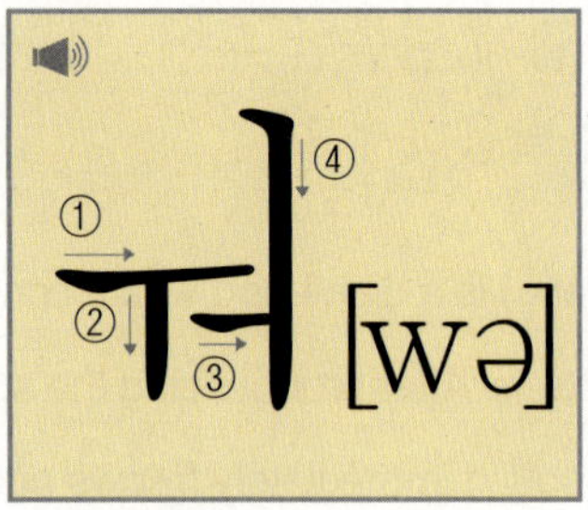


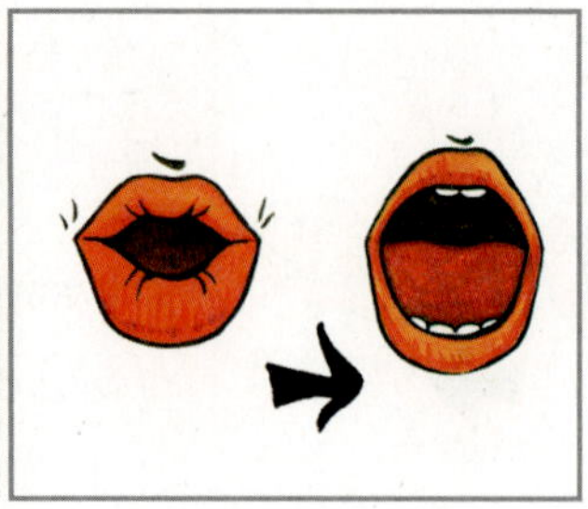

'ㅜ'를 짧게 발음한 후에 'ㅓ'를 바로 이어 발음하세요.

The vowel ㅝ is a diphthong which consists of two vowels. After pronouncing the sound of ㅜ, ㅓ sound immediately follows after the first sound.

• 쓰기연습

| 궈 | 눠 | 둬 | 뤄 | 뭐 | 붜 | 숴 | 워 |
|---|---|---|---|---|---|---|---|
| | | | | | | | |
| | | | | | | | |

추워요

to be cold

## 9

궤 [we]

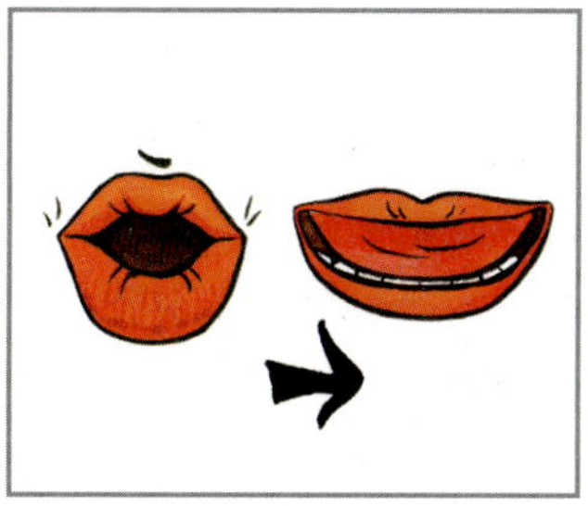

'ㅜ'를 짧게 발음한 후에 'ㅔ'를 바로 이어 발음하세요.

The vowel ㅞ is a diphthong which consists of two vowels. After pronouncing the sound of ㅜ, ㅔ sound immediately follows after the first sound.

• 쓰기연습

| 궤 | 눼 | 뒈 | 뤠 | 뭬 | 붸 | 쉐 | 웨 |
|---|---|---|---|---|---|---|---|
| | | | | | | | |
| | | | | | | | |

궤

a box

**10**

ㅟ [wi]

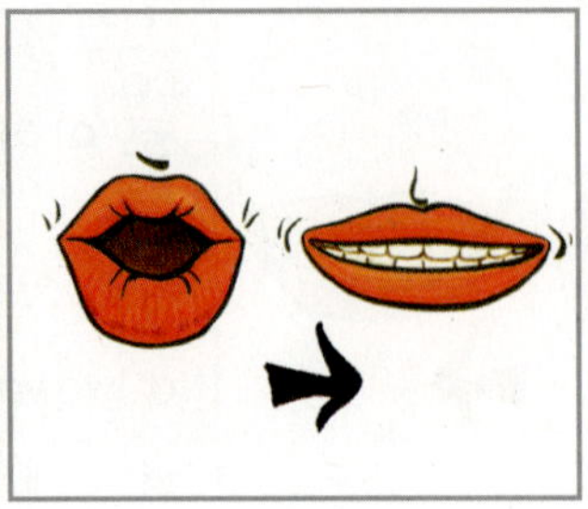

'ㅜ'를 짧게 발음한 후에 'ㅣ'를 바로 이어 발음하세요.

The vowel ㅟ is a diphthong which consists of two vowels. After pronouncing the sound of ㅜ, ㅣ sound immediately follows after the first sound.

• **쓰기연습**

| 귀 | 뉘 | 뒤 | 뤼 | 뮈 | 뷔 | 쉬 | 위 |
|---|---|---|---|---|---|---|---|
|  |  |  |  |  |  |  |  |
|  |  |  |  |  |  |  |  |

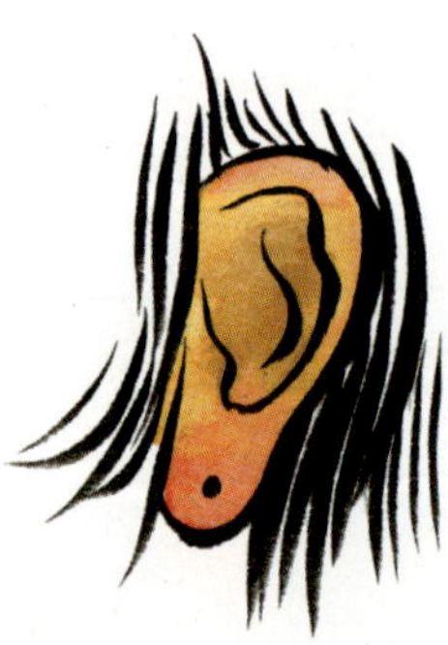

귀

ear

쥐

mouse

## 11

ㅢ [wj]

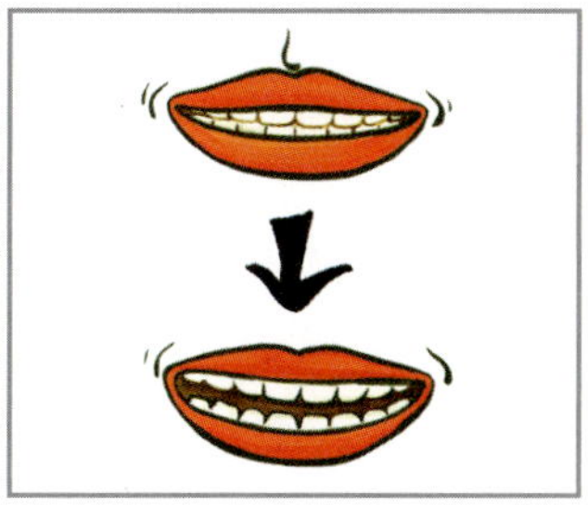

'ㅡ'를 짧게 발음한 후에 'ㅣ'를 바로 이어 발음하세요.

The vowel ㅢ is a diphthong which consists of two vowels. After pronouncing the sound of ㅡ, I sound immediately follows after the first sound.

• 쓰기연습

| 긔 | 늬 | 듸 | 릐 | 믜 | 븨 | 싀 | 의 |
|---|---|---|---|---|---|---|---|
| | | | | | | | |
| | | | | | | | |

의자

chair

# 연습 exercise

## 읽기

**1.** 다음 음절을 읽어 보세요.

(1) 와 왜 애 위 우

(2) 에외 위워 예의 애와 얘왜

(3) 새 메뉴 예뻐요 귀 의자 사과 재미

## 듣기

**2.** 다음을 듣고 발음하는 음절을 골라 보세요. Track 18

| |  |  |  |
|---|---|---|---|
| (1) | ① 계 | ② 과 | ③ 게 |
| (2) | ① 왜 | ② 위 | ③ 예 |
| (3) | ① 뒤 | ② 대 | ③ 돼 |
| (4) | ① 괘 | ② 궈 | ③ 귀 |
| (5) | ① 뵈 | ② 봐 | ③ 배 |
| (6) | ① 취 | ② 채 | ③ 최 |
| (7) | ① 뫼 | ② 뭐 | ③ 메 |

**3.** 다음을 듣고 맞는 단어를 골라 보세요. Track 19

(1) ① 사계 ② 세계

(2) ① 위 ② 왜

(3) ① 네 ② 뇌

(4) ① 쇠 ② 새

(5) ① 과자 ② 교자

(6) ① 마체 ② 마춰

(7) ① 데기 ② 되기

(8) ① 재석 ② 좌석

(9) ① 노래 ② 노재

## 활동 Tip

**활동 1** **전달하기 게임**

**준비물** 음절 카드, 상자 2개

1. 한 팀당 3-4명 정도로 해서 여러 팀을 짠다. 한 줄로 앉는다.
2. 자음 카드만 한 상자에 넣고 모음 카드만 모아서 다른 상자에 넣는다.
3. 제일 앞에 있는 사람이 상자에서 모음과 자음을 하나씩 뽑는다.
4. 카드로 만든 글자를 다음 사람 귀에 작은 소리로 말해 준다.
5. 작은 소리로 전달한 후에 마지막 사람이 종이에 그 글자를 쓴다.
6. 여러 번 반복해서 많이 맞힌 팀이 이긴다.

# 받침

V

## 받침

### Syllable Final Sounds

Only seven consonants may be pronounced in the final place of syllable. If it appears in written style, double consonants cannot be pronounced either way. Double consonants are pronounced as one of ㄱㄴㄷㄹㅁㅂㅇ. Double consonants are reduced to pronounce either of one consonant at the end of a syllable.

| 발 음 | 홑받침 | 겹받침 |
|---|---|---|
| [ ㄱ ] | ㄱㄲㅋ | ㄳ ㄺ |
| [ ㄴ ] | ㄴ | ㄵ ㄶ |
| [ ㄷ ] | ㄷㅅㅆㅈㅊㅌㅎ | |
| [ ㄹ ] | ㄹ | ㄼ ㄽ ㄾ ㅀ |
| [ ㅁ ] | ㅁ | ㄻ |
| [ ㅂ ] | ㅂㅍ | ㅄ ㄿ |
| [ ㅇ ] | ㅇ | |

# 1 받침 1 (홑받침)

Track 20

## [ㄱ] [k]

| | |
|---|---|
| ㄱ | 책 목 |
| ㄲ | 밖 낚다 섞다 |
| ㅋ | 부엌 녘 |

책
book

부엌
kitchen

| | | | | | | |
|---|---|---|---|---|---|---|
| 책 | 책 | | | | | |
| 밖 | 밖 | | | | | |
| 부엌 | 부엌 | | | | | |

## [ㄴ] [n]

| | |
|---|---|
| ㄴ | 산 눈 잔 |

산
mountain

눈
snow

| | | | | | | |
|---|---|---|---|---|---|---|
| 산 | 산 | | | | | |
| 눈 | 눈 | | | | | |

## [ㄷ][t]

| | |
|---|---|
| ㄷ | 곧 낟 |
| ㅌ | 끝 보리밭 |
| ㅅ | 옷 빗 버섯 |
| ㅆ | 있다 |
| ㅈ | 낮 빚 |
| ㅊ | 꽃 낯 |
| ㅎ | 히읗 |

옷
clothes

낮
daytime

꽃
flower

버섯
mushroom

| | | | | | |
|---|---|---|---|---|---|
| 곧 | 곧 | | | | |
| 끝 | 끝 | | | | |
| 옷 | 옷 | | | | |
| 있다 | 있다 | | | | |
| 낮 | 낮 | | | | |
| 꽃 | 꽃 | | | | |
| 히읗 | 히읗 | | | | |

## [ㄹ] [l]

| ㄹ | 달 솔 발 |
|---|---|

달
moon

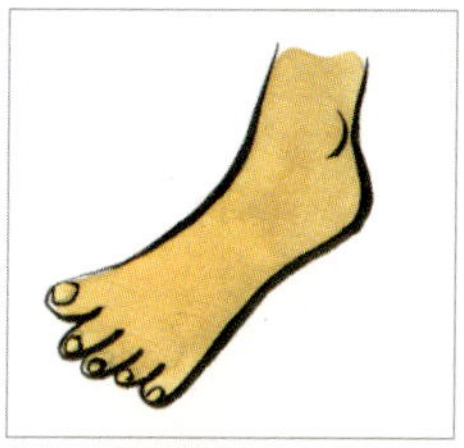

발
foot

| | | | | | |
|---|---|---|---|---|---|
| 달 | 달 | | | | |
| 솔 | 솔 | | | | |
| 발 | 발 | | | | |

## [ㅁ] [m]

| ㅁ | 밤 곰 엄마 |
|---|---|

곰
bear

엄마
mom

| | | | | | |
|---|---|---|---|---|---|
| 밤 | 밤 | | | | |
| 곰 | 곰 | | | | |
| 엄마 | 엄마 | | | | |

## [ㅂ][p]

| ㅂ | 밥 집 |
|---|---|
| ㅍ | 앞 숲 |

집
house

숲
woods

| 밥 | 밥 | | | | |
|---|---|---|---|---|---|
| 앞 | 앞 | | | | |

## [ㅇ][ŋ]

| ㅇ | 강 공부 상어 |
|---|---|

강
river

상어
shark

| 강 | 강 | | | | |
|---|---|---|---|---|---|
| 공부 | 공부 | | | | |
| 상어 | 상어 | | | | |

## 연습 exercise

### 읽기

**1.** 다음 단어를 읽어 보세요.

(1) 약 책 가족 대학 부엌 저녁 밖

(2) 눈 돈 산 사진 언니 친구 도서관

(3) 곧 걷다 맛 붓 옷 낮 꽃밭

(4) 길 말 쌀 교실 달력 서울 불고기

(5) 봄 감기 그림 김치 사람 이름 점심

(6) 집 입 컵 아홉 일곱 앞 옆

(7) 강 방 빵 고향 동생 선생님 냉면

### 듣기

**2.** 잘 듣고 맞는 것을 고르세요. Track 21

(1) ① 각도 ② 감도

(2) ① 젓가락 ② 정가락

(3) ① 비빔밧　　　　② 비빔밥

(4) ① 곤룐　　　　② 공룡

(5) ① 눈　　　　② 눙

(6) ① 가뭄　　　　② 가문

(7) ① 강문　　　　② 강물

**3.** 잘 듣고 쓰세요. Track 22

(1) (　　　　　　　　)

(2) (　　　　　　　　)

(3) (　　　　　　　　)

(4) (　　　　　　　　)

(5) (　　　　　　　　)

(6) (　　　　　　　　)

## 활동 Tip

**활동 1** **받침 카드 선택하기**

**준비물** 받침 발음 카드([ㄱ], [ㄴ], [ㄷ], [ㄹ], [ㅁ], [ㅂ], [ㅇ])

1. 선생님의 소리를 듣고 받침 소리에 해당하는 카드 선택하기

   예 강 → [ㅇ] 카드 선택

2. 학생들이 익숙해지면 여러 글자를 제시해서 순서대로 받침 놓기를 해 볼 수 있다.

## 2 받침 2 (겹받침) Track 23

### [ㄱ] [k]

| | |
|---|---|
| ㄳ | 넋 몫 |
| ㄺ | 닭 붉다 |

닭
chicken

| | | | | | | |
|---|---|---|---|---|---|---|
| 넋 | 넋 | | | | | |
| 닭 | 닭 | | | | | |

### [ㄴ] [n]

| | |
|---|---|
| ㄵ | 앉다 얹다 |
| ㄶ | 많다 않다 |

앉다
to sit

| | | | | | | |
|---|---|---|---|---|---|---|
| 앉다 | 앉다 | | | | | |
| 많다 | 많다 | | | | | |

## [ㄹ][l]

| | |
|---|---|
| ㄼ | 넓다 짧다 |
| ㄳ | 외곬 |
| ㄾ | 핥다 훑다 |
| ㅀ | 잃다 앓다 |

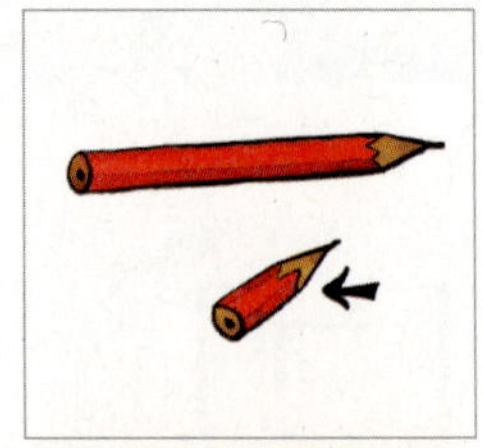

짧다
to be short

| | | | | | |
|---|---|---|---|---|---|
| 넓다 | 넓다 | | | | |
| 외곬 | 외곬 | | | | |
| 핥다 | 핥다 | | | | |
| 잃다 | 잃다 | | | | |

## [ㅁ][m]

| | |
|---|---|
| ㄻ | 젊다 굶다 |

젊다
to be young

| | | | | | |
|---|---|---|---|---|---|
| 젊다 | 젊다 | | | | |

## [ㅂ] [p]

| | |
|---|---|
| ㅄ | 값 없다 |
| ㄿ | 읊다 |

값
price

| | | | | | |
|---|---|---|---|---|---|
| 값 | 값 | | | | |
| 읊다 | 읊다 | | | | |

# 연습 exercise

## 읽기

**1.** 다음 단어를 읽어 보세요.

(1) 몫　흙　닭　읽다

(2) 앉다　얹다

(3) 넓다　여덟　외곬　핥다　훑다　짧다

(4) 젊다　굶다

(5) 값　읊다

**2.** 맞는 발음을 고르세요.

| | ① | ② |
|---|---|---|
| (1) <u>넋</u> | ① [넉] (　) | ② [넛] (　) |
| (2) <u>닭</u> | ① [달] (　) | ② [닥] (　) |
| (3) <u>값</u> | ① [갑] (　) | ② [갓] (　) |
| (4) <u>읊</u>다 | ① [을] (　) | ② [읍] (　) |
| (5) <u>앉</u>다 | ① [안] (　) | ② [앋] (　) |
| (6) <u>많</u>다 | ① [만] (　) | ② [맏] (　) |
| (7) <u>젊</u>다 | ① [절] (　) | ② [점] (　) |

(8) 넓다　　① [널] (　)　　② [넙] (　)

(9) 핥다　　① [할] (　)　　② [한] (　)

(10) 잃다　　① [일] (　)　　② [인] (　)

## 쓰기

**3.** 다음 단어의 발음을 써 보세요.

(1) 몫 (　　　　) (2) 흙 (　　　　)

(3) 값 (　　　　) (4) 읊다 (　　　　)

(5) 없다 (　　　　) (6) 않다 (　　　　)

(7) 굶다 (　　　　) (8) 짧다 (　　　　)

(9) 훑다 (　　　　)

## 활동 Tip

**활동 1**

### 겹받침 단어 뽑은 후 받침 발음 카드 선택하기

**준비물** 상자, 겹받침 단어 카드, 받침 발음 카드

| ㄱ | ㄴ | ㄷ | ㄹ | ㅁ | ㅂ | ㅇ |
|---|---|---|---|---|---|---|

1. 상자에 겹받침 단어를 써 넣은 카드들을 넣는다.
2. 그 중에 한 카드를 뽑는다.
3. 겹받침에 해당하는 발음 카드를 선택한다.
4. 학생들이 그 단어를 큰 소리로 읽어본다.

**활동 2**

### 이구동성 게임

**준비물** 상자, 겹받침 단어 카드, 받침 발음 카드

| ㄱ | ㄴ | ㄷ | ㄹ | ㅁ | ㅂ | ㅇ |
|---|---|---|---|---|---|---|

1. 한 팀에 2-3명 정도로 여러 팀을 짠다.
2. 상자에 겹받침 단어를 써 넣은 카드들을 넣는다.
3. 그 중에 카드 하나를 뽑는다.
4. 뽑은 카드를 팀원이 같이 본 후에 선생님의 지시에 맞춰 팀원이 동시에 해당 단어를 읽는다.
5. 팀원 모두가 정확히 읽으면 점수를 준다.

# VI

# 음운 법칙

- 연음 법칙
- 경음화
- 비음화
- 유음화
- 유기음화
- 구개음화
- ㅎ 탈락
- ㄴ 첨가

## 연음 법칙 (Liason)

자음으로 끝나는 음절(받침이 있는 음절) 다음에 모음이 연결되면 자음(받침)이 그대로 발음되는 법칙이다. When a vowel and consonants are combined, the first sound of the following syllable is used.

| | | | | | | | | | |
|---|---|---|---|---|---|---|---|---|---|
| **밥이** | → | 바 | ㅂ | | + | ㅣ | = | [바비] |
| **옷이** | → | 오 | ㅅ | | + | ㅣ | = | [오시] |
| **목을** | → | 모 | ㄱ | | + | 을 | = | [모글] |
| **앉아** | → | 아 | ㄴ | ㅈ | + | 아 | = | [안자] |

**1.** 다음을 읽어 보세요.

(1) 바람이 별을 집에 믿으니 닫아서 웃어서
늦으면 뱉으니

(2) 넋이 값으로 흙으로 붉은 젊으니 닭이
넓으니 늙어서 밝아서

**2.** 발음을 써 보세요.

(1) 받아라 [ ] (2) 돈이 [ ]

(3) 발이 [ ] (4) 밤을 [ ]

(5) 낮에 [ ] (6) 꽃을 [ ]

(7) 부엌에 [ ] (8) 곁으로 [ ]

(9) 닦아라 [ ] (10) 있으면 [ ]

(11) 앉아서 [ ] (12) 붉어서 [ ]

(13) 삶아서 [ ] (14) 읊으니 [ ]

## 경음화 (Tensification)

/ㄱ, ㄲ, ㅋ, ㄷ, ㅌ, ㅂ, ㅍ, ㅅ, ㅆ, ㅈ, ㅊ/ 등의 자음(받침)으로 끝나는 음절이 이러한 자음들과 만나면 발음이 강해지면서 [ㄲ, ㄸ, ㅃ, ㅆ, ㅉ]의 경음으로 소리가 난다.

When two voiceless sounds come together, the second of them is tensified. When voiceless sounds ㅂㄷㄱ meet the voiceless consonants ㅂㄷㅈㅅㄱ, the second(sound) of the voiceless sound becomes ㅃㄸㅉㅆㄲ.

| | |
|---|---|
| 학 + 교 → 학교 [학꾜] | 학 + 과 → 학과 [학꽈] |
| 동녘 + 과 → 동녘과 [동녁꽈]<br>[동녁] | 안팎 + 과 → 안팎과 [안팍꽈]<br>[안팍] |
| 각 + 도 → 각도 [각또] | 부엌 + 도 → 부엌도 [부억또]<br>[부억] |
| 먹 + 보 → 먹보 [먹뽀] | 덮 + 밥 → 덮밥 [덥빱]<br>[덥] |
| 국 + 수 → 국수 [국쑤] | 놓 + 소 → 놓소 [녿쏘]<br>[녿] |
| 맥 + 주 → 맥주 [맥쭈] | 부엌 + 조차 → 부엌조차 [부억쪼차]<br>[부억] |

**1.** 다음을 읽어 보세요.

(1) [ㄲ]

학교 떡국 늦가을 듣고 입고 잡고

(2) [ㄸ]

식당 밥도 복도 여섯 달 왔다

(3) [ㅃ]

국밥 책방 꽃밭 늦봄 십 분

(4) [ㅆ]

일곱 시　　몇 사람　　학생　　하겠습니다

듣습니다　　하십시오

(5) [ㅉ]

숙제　　잡지　　곧장　　학자　　맥주

갈증　　물질　　발전

**2.** 발음을 써 보세요.

(1) 경복궁 [　　　　　　　　　　]

(2) 어학당 [　　　　　　　　　　]

(3) 초급반 [　　　　　　　　　　]

(4) 덕수궁 [　　　　　　　　　　]

(5) 책장 [　　　　　　　　　　]

## 비음화 (Nasalization)

/ㄱ,ㄷ,ㅂ/의 장애음 다음에 비음 /ㄴ,ㅁ/이 오면 장애음은 [ㅇ, ㄴ, ㅁ]의 비음으로 소리가 변한다. Syllable final consonants move into the initial consonant of the following syllable. ㅂ ㄷ ㄱ before ㅁ ㄴ are pronounced ㅁ ㄴ ㅇ.

**1) /ㄱ(ㄳ, ㄺ, ㅋ, ㄲ)/ + /ㄴ,ㅁ/ → [ㅇ] 'ng' + [ㄴ,ㅁ]**

| | |
|---|---|
| 먹 + 물 → 먹물 [멍물] | 까막 + 눈 → 까막눈 [까망눈] |
| 국 + 물 → 국물 [궁물] | 부엌 + 만 → 부엌만 [부엉만]<br>[부억] |

2) /ㄷ(ㅌ, ㅅ, ㅆ, ㅈ, ㅊ, ㅎ)/ + /ㄴ,ㅁ/ → [ㄴ] 'n' + [ㄴ,ㅁ]

| | |
|---|---|
| 맏 + 며느리 → 맏며느리 [만며느리] | 밑 + 면 → 밑면 [민면]<br>[믿] |
| 있 + 는 → 있는 [인는]<br>[읻] | 놓 + 는 → 놓는 [논는]<br>[녿] |

3) /ㅂ(ㅍ, ㄼ, ㄿ, ㅄ)/ + /ㄴ,ㅁ/ → [ㅁ] 'm' + [ㄴ,ㅁ]

| | |
|---|---|
| 잡 + 는 → 잡는 [잠는] | 밥 + 물 → 밥물 [밤물] |

**1.** 다음을 읽어 보세요.

(1) [ㅇ]

국물 국민 학년 흙만

(2) [ㄴ]

닫는 짓는 놓는 재미있는

(3) [ㅁ]

잡는 밟는 없는 됩니다

**2.** 발음을 써 보세요.

(1) 숙명 [ ]

(2) 걷는다 [ ]

(3) 덮는다 [ ]

## 유음화 (Latalization)

자음 /ㄹ/과 /ㄴ/이 만나면 /ㄴ/은 [ㄹ]로 발음된다.

ㄴ before or after ㄹ is pronounced ㄹ.

**1) /ㄹ/+/ㄴ/ → [ㄹ]+[ㄹ]**

| 칼 + 날 → 칼날 [칼랄] | 줄 + 넘기 → 줄넘기 [줄럼끼] |
|---|---|

**2) /ㄴ/+/ㄹ/ → [ㄹ]+[ㄹ]**

| 선 + 릉 → 선릉 [설릉] | 신 + 라 → 신라 [실라] |
|---|---|

다음의 경우, 자음 /ㄴ/ 다음에 /ㄹ/이 오면 /ㄹ/은 [ㄴ]로 발음된다.

| 판단 + 력 → 판단력 [판단녁] | 의견 + 란 → 의견란 [의견난] |
|---|---|

**1.** 다음을 읽어 보세요.

(1) 불능　일 년　실내　설날　달나라

(2) 천 리　논리　난로　편리하다　진리　난류

**2.** 발음을 써 보세요.

(1) 대관령 [　　　　　　]

(2) 광한루 [　　　　　　]

(3) 연락 [　　　　　　]

(4) 물난리 [　　　　　　]

## 유기음화 (Aspiration)

자음 /ㄱ,ㄷ,ㅂ,ㅈ/이 /ㅎ/를 만나면 [ㅋ, ㅌ, ㅍ, ㅊ]로 발음된다.
Consonants ㄱ, ㄷ, ㅂ, ㅈ become aspirated as ㅋ, ㅌ, ㅍ, ㅊ when combined with ㅎ.

| | |
|---|---|
| **놓** [녿] **+ 고** → **놓고** [노코] | **쌓** [싿] **+ 고** → **쌓고** [싸코] |
| **놓** [녿] **+ 다** → **놓다** [노타] | **좋** [졷] **+ 다** → **좋다** [조타] |
| **밥** [밥] **+ 하고** → **밥하고** [바파고] | **놓** [녿] **+ 자** → **놓자** [노차] |

**1.** 다음을 읽어 보세요.

(1) [ㅋ]

책하고　　그렇게　　노력합시다

(2) [ㅌ]

좋다　　맏형　　그렇다고

(3) [ㅊ]

그렇지　　많지　　싫지

(4) [ㅍ]

입학식　　잡혀

**2.** 발음을 써 보세요.

(1) 먹히다 [　　　　　　　　]

(2) 많다 [　　　　　　　　]

(3) 앉히다 [　　　　　　　　]

(4) 좁히다 [　　　　　　　　]

## 구개음화 (Palatalization)

/ㄷ,ㅌ/ 다음에 / ㅣ/ 모음이 오면, /ㄷ,ㅌ/이 [ㅈ,ㅊ]으로 소리가 변한다.

After syllable final consonants ㄷ, ㅌ, the vowel ㅣ come, the sound of consonants are changed into the sound as ㅈ, ㅊ respectively.

**1) /ㄷ/ + / ㅣ/ → [지]**

| 굳이 [구지] | 맏이 [마지] | 곧이듣다 [고지듣따] |
|---|---|---|

**2) /ㅌ/ + / ㅣ/ → [치]**

| 같이 [가치] | 끝이 [끄치] | 꽃밭이 [꼬빠치] | 햇볕이 [해뼈치] |
|---|---|---|---|

**3) (ㄷ + ㅎ) + / ㅣ/ → [치] (ㄷ + ㅎ) + / ㅣ/ → [치]**

| 닫힌 [다친] | 걷힌 [거친] | 묻히다 [무치다] |
|---|---|---|

**1.** 다음을 읽어 보세요.

(1) [ㅈ]

미닫이　　여닫이

(2) [ㅊ]

밭이　　갇혀

**2.** 발음을 써 보세요.

(1) 해돋이 [　　　　　　　　]

(2) 붙여서 [　　　　　　　　]

## 'ㅎ'의 탈락 (Loss of ㅎ sound)

/ㅎ/이 모음으로 시작하는 어미나 접미사를 만나면 발음되지 않는다.

When final consonant ㅎ meets endings or suffix which start with a vowel, sound loss occurs.

**낳은** [나은]

**쌓이다** [싸이다]

**넣어** [너어]

**좋아하지만** [조아하지만]

**싫어도** [시러도]

**1.** 다음을 읽어 보세요.

(1) 놓아　쌓으니　닿아서

(2) 많아　않은　뚫어　닳아서

**2.** 발음을 써 보세요.

(1) 닳아도 [ ]

(2) 놓으니 [ ]

(3) 않아서 [ ]

(4) 뚫은 [ ]

## 'ㄴ' 첨가 (ㄴ Insertion)

두 개 이상의 단어가 하나의 단어를 만드는 상황에서, 앞 단어가 받침이 있고, 뒤 단어의 첫소리에 '이, 야, 여, 요, 유' 모음이 있을 때 'ㄴ' 이 첨가되어 발음된다.
When the first syllable ends in a consonant, and the following vowel begins with ㅣ, ㅑ, ㅕ, ㅛ, ㅠ their sounds are changed to 니, 냐, 녀, 뇨, 뉴.

| | |
|---|---|
| 솜 -이불 | [소미불] (×) / [솜니불] (○) |
| 영업 -용 | [영어뵹] (×) / [영엄뇽] (○) |
| 색 -연필 | [새견필] (×) / [생년필] (○) |
| 눈 -요기 | [누뇨기] (×) / [눈뇨기] (○) |

**1.** 다음을 읽어 보세요.

(1) 맨입 막일 내복약

(2) 늑막염 콩엿 담요 식용유

**2.** 발음을 써 보세요.

(1) 콩잎 [ ]

(2) 한여름 [ ]

(3) 부엌일 [ ]

(4) 늦여름 [ ]

# 부록

- 어려운 발음 연습
- 단어 정리
- 연습문제 정답
- 자모 카드
- 음절 카드
- 단어 카드

## 어려운 발음 연습

- 발음이 어떻게 달라요? 읽고 써 보세요.

**모음**

<table>
<tr><td>ㅓ</td><td></td><td>ㅓ</td><td></td><td></td><td rowspan="2">'ㅗ'를 발음할 때는 입술을 'ㅓ'보다 더 작게 모으고 입술을 앞으로 내미세요.<br>The vowel ㅗ is a rounded vowel while ㅓ is not. Lip rounding makes a clear difference for making a distinction between these two sounds.</td></tr>
<tr><td>ㅗ</td><td></td><td>ㅗ</td><td></td><td></td></tr>
</table>

<table>
<tr><td>ㅚ</td><td></td><td>ㅚ</td><td></td><td></td><td rowspan="2">'ㅟ'를 발음할 때는 입술을 'ㅚ'보다 더 작게 모으고 앞으로 내미세요. 그리고 'ㅣ'를 발음하세요.<br>The vowel ㅚ contains the feature of lip rounding. Again, lip rounding is a main feature to make different sounds.</td></tr>
<tr><td>ㅟ</td><td></td><td>ㅟ</td><td></td><td></td></tr>
</table>

<table>
<tr><td>ㅡ</td><td></td><td>ㅡ</td><td></td><td></td><td rowspan="2">'ㅡ'는 입을 옆으로 더 당겨서 발음하고 'ㅜ'는 입술을 작게 모으고 앞으로 내미세요.<br>The vowel ㅜ is a rounded vowel while ㅡ is not. The vowel ㅡ is pronounced like ㅜ but without a lip rounding.</td></tr>
<tr><td>ㅜ</td><td></td><td>ㅜ</td><td></td><td></td></tr>
</table>

<table>
<tr><td>ㅕ</td><td></td><td>ㅕ</td><td></td><td></td><td rowspan="2">'ㅛ'를 발음할 때는 'ㅕ'보다 입술을 더 작게 모으세요.<br>The vowel ㅛ is a diphthong which contains a feature of lip rounding. The vowel ㅕ does not have a feature of lip rounding.</td></tr>
<tr><td>ㅛ</td><td></td><td>ㅛ</td><td></td><td></td></tr>
</table>

| ㅡ |  | ㅡ | | | 'ㅓ' 를 발음할 때는 'ㅡ' 보다 입을 위아래로 더 벌리세요.<br>When you pronounce the vowel ㅓ, place your tongue lower than the vowel ㅡ. |
|---|---|---|---|---|---|
| ㅓ |  | ㅓ | | | |

자음

| 가 | 가 | | | | '까' 는 '가' 보다 목 근육에 더 힘을 줘서 발음하세요.<br>'카' 는 '가' 보다 더 세게 공기를 내보내세요.<br>가 is a plain sound. 까 is pronounced with muscle tension. 카 is pronounced with a puff of air. |
|---|---|---|---|---|---|
| 까 | 까 | | | | |
| 카 | 카 | | | | |

| 다 | 다 | | | | '따' 는 '다' 보다 목구멍 쪽에 더 힘을 줘서 발음하고 '타' 는 공기를 세게 내보내세요.<br>다 is a plain sound. 따 is pronounced with muscle tension. 타 is pronounced with a puff of air. |
|---|---|---|---|---|---|
| 따 | 따 | | | | |
| 타 | 타 | | | | |

| | | | | | |
|---|---|---|---|---|---|
| 바 | 바 | | | | ‘빠’는 ‘바’보다 목에 힘을 더 줘서 발음하고, ‘파’는 입안의 공기를 세게 내보내면서 발음하세요.<br>바 is a plain sound. 빠 is pronounced with muscle tension. 파 is pronounced with a puff of air. |
| 빠 | 빠 | | | | |
| 파 | 파 | | | | |

| | | | | | |
|---|---|---|---|---|---|
| 사 | 사 | | | | ‘싸’는 ‘사’보다 목에 힘을 더 주면서 발음하세요.<br>사 is a plain sound. 싸 is pronounced with muscle tension. |
| 싸 | 싸 | | | | |

| | | | | | |
|---|---|---|---|---|---|
| 자 | 자 | | | | ‘짜’는 ‘자’보다 목에 힘을 더 줘서 발음하고 ‘차’는 공기를 세게 내보내면서 발음하세요.<br>자 is a plain sound. 짜 is pronounced with muscle tension. 차 is pronounced with a puff of air. |
| 짜 | 짜 | | | | |
| 차 | 차 | | | | |

**참고 그림**

경음

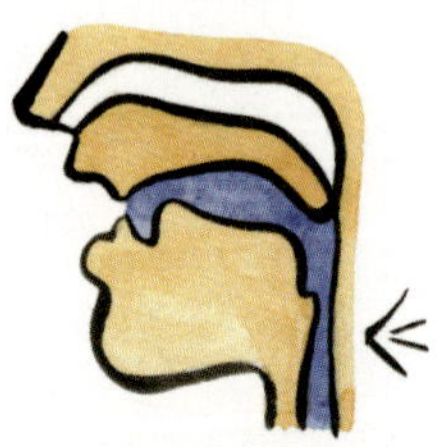

목에 힘을 주세요.

격음

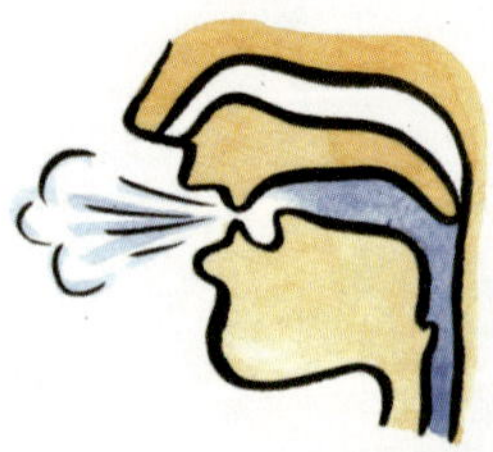

공기를 세게 내보내세요.

받침

• 같게 발음하세요.

## [악]

| 악 | 악 | | | | | |
|---|---|---|---|---|---|---|
| 윾 | 윾 | | | | | |
| 앜 | 앜 | | | | | |

## [앋]

| 앋 | 앋 | | | | | |
|---|---|---|---|---|---|---|
| 앗 | 앗 | | | | | |
| 앚 | 앚 | | | | | |
| 앛 | 앛 | | | | | |
| 앝 | 앝 | | | | | |

| 앟 | 앟 | | | | | |
|---|---|---|---|---|---|---|
| 았 | 았 | | | | | |

## [압]

| 압 | 압 | | | | | |
|---|---|---|---|---|---|---|
| 앞 | 앞 | | | | | |

- 다르게 발음하세요.

| 앙 | 앙 | | | | | |
|---|---|---|---|---|---|---|
| 암 | 암 | | | | | |
| 안 | 안 | | | | | |

## 발음 연습

• 다음을 빨리 읽어 보세요.

1. 간장공장/공장장은/강공장장이고 된장공장/공장장은/공공장장이다

2. 내가 그린 기린 그림은 암 기린 그린 그림이고
네가 그린 기린 그림은 수 기린 그린 그림이다

3. 앞집 암말 앞발 발톱 뒷집 수말 뒷발 손톱

4. 지붕 위의 콩깍지는 깐 콩깍지냐 안 깐 콩깍지냐

5. 춘천 친구 친정 친척 칠순잔치

6. 저기 저 상 장사가 새 상 상장사냐 헌 상 상장사냐

7. 저기 박힌 쇠말뚝은 말 맬 말뚝인가 말 못 맬 말뚝인가

# 단어 정리

## 한국어의 음절 구조

| | | | | |
|---|---|---|---|---|
| 아우 | 채 | 엷 | 잠 | 흙 |
| 나무 | 표 | 밥값 | 창 | 꽃 |
| 모 | 앞 | 밥 | 문 | 값 |

## 활용 1 모음 1

| | |
|---|---|
| 아이 | 오이 |

## 활용 2 모음 1 + 자음 1

| | | | | |
|---|---|---|---|---|
| 고기 | 아주 | 모자 | 도로 | 소리 |
| 오리 | 우리 | 모기 | 소 | 주소 |
| 거기 | 도시 | 부모 | 버스 | 저기 |
| 고리 | 라디오 | 보모 | 비누 | 서로 |
| 누나 | 머리 | | | |

## 자음 2 (1) 격음

| | | | | |
|---|---|---|---|---|
| 피로 | 포도 | 치마 | 기차 | 카드 |
| 피아노 | 소포 | 차비 | 키 | 조카 |
| 피자 | 느티나무 | | | |

## 활용 4

| | | | | |
|---|---|---|---|---|
| 끄다 | 뿌리 | 짜다 | 도끼 | 저 |
| 도끼 | 나빠요 | 찌다 | 토끼 | 처 |
| 토끼 | 삐다 | 비 | 도로 | 자다 |
| 토로 | 다이어트 | 피 | 토로 | 짜다 |
| 도토리 | 토마토 | 비자 | 시 | 찌다 |
| 바빠요 | 씨 | 피자 | 씨 | 치다 |
| 피부 | 쓰다 | 부리 | 자 | 끄다 |
| 파뿌리 | 싸다 | 뿌리 | 차 | 크다 |
| 피자 | 아저씨 | | | |

## 활용 5 모음2(1) + 자음

| | | | | |
|---|---|---|---|---|
| 요리 | 보여요 | 유리 | 포 | 묘기 |
| 묘기 | 기다려 | 우유 | 오리 | 자 |
| 묘사 | 다녀요 | 이유 | 요리 | 짜 |
| 치료 | 겨우 | 뉴스 | 모자 | 우리 |
| 교수 | 모셔요 | 기류 | 묘사 | 유리 |
| 치료 | 셔츠 | 서류 | 고수 | 기우 |
| 효도 | 켜요 | 기차표 | 교수 | 기류 |
| 우표 | 시켜요 | 뼈 | 호두 | 모사 |
| 효자 | 아껴요 | 야구 | 효도 | 묘사 |
| 표 | 이야기 | 보 | 모기 | |

## 활용 6

| | | | | |
|---|---|---|---|---|
| 애 | 새 | 얘기 | 메뉴 | 예뻐요 |
| 우애 | 새해 | 걔 | 세계 | 예매 |
| 매우 | 매 | 쟤 | 휴게소 | 요새 |
| 매주 | 매미 | 시내 | 차례 | 배포 |
| 개 | 거대 | 노래 | 대 | 재비 |
| 소개 | 얘 | 배 | | |

활용 7

| 위 | 사과 | 마춰 | 저희 | 사 |
|---|---|---|---|---|
| 새 | 뭐 | 귀 | 너희 | 새 |
| 의자 | 쒀요 | 뒤 | 표시 | 가자 |
| 쇠 | 바꿔요 | 쥐 | 해외 | 과자 |
| 회의 | 줘요 | 뀌어요 | 거의 | 마치 |
| 과자 | 둬요 | 뛰어요 | 웨이터 | 마취 |
| 마취 | 나눠요 | 치워요 | 여의도 | 가장 |
| 와요 | 의미 | 쉬워요 | 가위 | 과장 |
| 도와요 | 최고 | 추워요 | 거위 | 자석 |
| 왜 | 기회 | 휘어요 | 위 | 차석 |
| 소화제 | 더위 | 봐요 | 왜 | 노라 |
| 의지 | 사위 | 의사 | 노 | 노래 |
| 교과서 | 샤워 | 무늬 | 뇌 | |

받침 1

| 책 | 눈 | 빗 | 히읗 | 밥 |
|---|---|---|---|---|
| 목 | 잔 | 버섯 | 달 | 집 |
| 밖 | 곧 | 있다 | 솔 | 앞 |
| 낚다 | 낟 | 낫 | 발 | 숲 |
| 섞다 | 끝 | 빚 | 밤 | 강 |
| 부엌 | 보리밭 | 꽃 | 곰 | 공부 |
| 녘 | 옷 | 낮 | 엄마 | 상어 |
| 산 | | | | |

## 받침 1 (활용)

| 각 | 언니 | 길 | 서점 | 빵 |
|---|---|---|---|---|
| 약 | 친구 | 말 | 이름 | 고향 |
| 책 | 도서관 | 쌀 | 점심 | 공장 |
| 가곡 | 자전거 | 가을 | 남 | 동생 |
| 가족 | 곧 | 교실 | 집 | 선생님 |
| 대학 | 걷다 | 달력 | 입 | 냉면 |
| 미국 | 맛 | 서울 | 컵 | 각도 |
| 부엌 | 멋 | 일본 | 아홉 | 젓가락 |
| 저녁 | 붓 | 불고기 | 일곱 | 비빔밥 |
| 밖 | 옷 | 봄 | 앞 | 공룡 |
| 눈 | 거짓 | 감기 | 옆 | 눈 |
| 돈 | 낮 | 그림 | 강 | 가뭄 |
| 산 | 꽃 | 김치 | 방 | 강물 |
| 사진 | 밭 | 사람 | | |

## 받침 2 (제시)

| 넋 | 앉다 | 넓다 | 훑다 | 굶다 |
|---|---|---|---|---|
| 몫 | 얹다 | 짧다 | 잃다 | 값 |
| 닭 | 많다 | 외곬 | 앓다 | 없다 |
| 붉다 | 않다 | 핥다 | 젊다 | 읊다 |

## 받침 2(활용)

| | | | | |
|---|---|---|---|---|
| 몫 | 외곬 | 읊다 | 젊다 | 읊다 |
| 흙 | 핥다 | 넋 | 넓다 | 없다 |
| 닭 | 훑다 | 닭 | 핥다 | 않다 |
| 읽다 | 짧다 | 값 | 잃다 | 굶다 |
| 앉다 | 젊다 | 읊다 | 몫 | 짧다 |
| 없다 | 굶다 | 앉다 | 흙 | 훑다 |
| 넓다 | 값 | 많다 | 값 | 앓다 |
| 여덟 | | | | |

# 연습문제 정답

## Ⅰ. 모음 1 p. 15

4. ① 어 ② 오 ③ 이
④ 아 ⑤ 우

5.

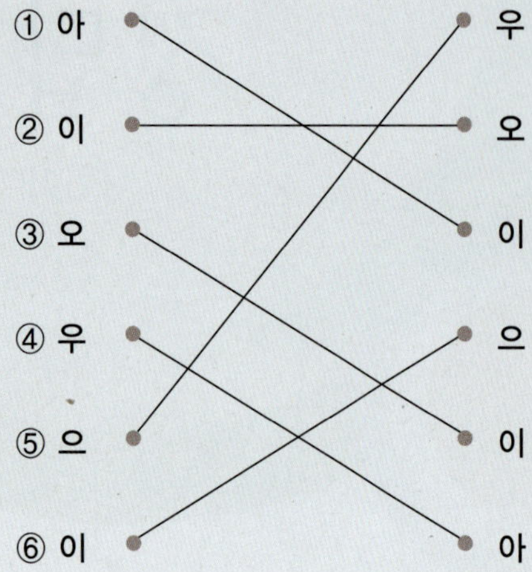


6. 아 이 오 우 어 으 아이
오이 우아

## Ⅱ. 자음 1 p. 30 ~ p. 31

3. (1) ① 가 (2) ② 노 (3) ① 도
(4) ② 루 (5) ② 므 (6) ② 마
(7) ② 조 (8) ① 수

4. (1) 나 (2) 소 (3) 모자
(4) 비누 (5) 라디오

5.

| | ㅏ | ㅓ | ㅗ | ㅜ | ㅡ | ㅣ |
|---|---|---|---|---|---|---|
| ㄱ | 가 | 거 | 고 | 구 | 그 | 기 |
| ㄴ | 나 | 너 | 노 | 누 | 느 | 니 |
| ㄷ | 다 | 더 | 도 | 두 | 드 | 디 |
| ㄹ | 라 | 러 | 로 | 루 | 르 | 리 |
| ㅁ | 마 | 머 | 모 | 무 | 므 | 미 |
| ㅂ | 바 | 버 | 보 | 부 | 브 | 비 |
| ㅅ | 사 | 서 | 소 | 수 | 스 | 시 |
| ㅇ | 아 | 어 | 오 | 우 | 으 | 이 |
| ㅈ | 자 | 저 | 조 | 주 | 즈 | 지 |

## Ⅲ. 자음 2

### 격음 p. 40

3. (1) ② 카 (2) ① 주 (3) ② 트
(4) ② 퍼 (5) ① 우

4.

| 자음 \ 모음 | ㅏ | ㅓ | ㅗ | ㅜ | ㅡ | ㅣ |
|---|---|---|---|---|---|---|
| ㅊ | 차 | 처 | 초 | 추 | 츠 | 치 |
| ㅋ | 카 | 커 | 코 | 쿠 | 크 | 키 |
| ㅌ | 타 | 터 | 토 | 투 | 트 | 티 |
| ㅍ | 파 | 퍼 | 포 | 푸 | 프 | 피 |
| ㅎ | 하 | 허 | 호 | 후 | 흐 | 히 |

### 경음 p. 47 ~ p. 48

3. (1) ① 가 (2) ③ 코 (3) ② 따
(4) ③ 파 (5) ② 뽀 (6) ① 사
(7) ③ 차 (8) ② 찌

4. (1) ① 비 (2) ② 피자 (3) ② 뿌리
(4) ② 토끼 (5) ① 도로 (6) ② 씨
(7) ② 차 (8) ① 저 (9) ② 짜다
(10) ② 치다 (11) ② 크다

5.

| 자음 \ 모음 | ㅏ | ㅓ | ㅗ | ㅜ | ㅡ | ㅣ |
|---|---|---|---|---|---|---|
| ㄲ | 까 | 꺼 | 꼬 | 꾸 | 끄 | 끼 |
| ㄸ | 따 | 떠 | 또 | 뚜 | 뜨 | 띠 |
| ㅃ | 빠 | 뻐 | 뽀 | 뿌 | 쁘 | 삐 |
| ㅆ | 싸 | 써 | 쏘 | 쑤 | 쓰 | 씨 |
| ㅉ | 짜 | 쩌 | 쪼 | 쭈 | 쯔 | 찌 |

## Ⅳ. 모음 2

### 1 p. 55 ~ p. 56

3. (1) ③ 교 (2) ③ 겨 (3) ① 뎌
(4) ② 벼 (5) ② 류 (6) ① 셔
(7) ① 뮤

4. (1) ① 보 (2) ② 요리 (3) ② 묘사
(4) ① 거수 (5) ② 효도 (6) ① 모기
(7) ② 야구 (8) ② 유리 (9) ① 기우
(10) ① 사모

5.

| 자음 \ 모음 | ㅑ | ㅕ | ㅛ | ㅠ |
|---|---|---|---|---|
| ㄱ | 갸 | 겨 | 교 | 규 |
| ㄴ | 냐 | 녀 | 뇨 | 뉴 |
| ㄷ | 댜 | 뎌 | 됴 | 듀 |
| ㄹ | 랴 | 려 | 료 | 류 |
| ㅁ | 먀 | 며 | 묘 | 뮤 |

### 2 p. 68 ~ p. 69

2. (1) ② 과 (2) ③ 예 (3) ③ 돼
(4) ③ 귀 (5) ③ 배 (6) ① 취
(7) ② 뭐

3. (1) ② 세계 (2) ① 위 (3) ① 네
(4) ② 새 (5) ① 과자 (6) ② 마취
(7) ② 되기 (8) ② 좌석 (9) ① 노래

## V. 받침

### 받침 1 p. 77 ~ p. 78

2. (1) ① 각도 (2) ① 젓가락 (3) ② 비빔밥
(4) ② 공룡 (5) ① 눈 (6) ① 가뭄
(7) ② 강물

3. (1) 책 (2) 옷 (3) 달
(4) 엄마 (5) 집 (6) 상어

### 받침 2 p. 82 ~ p. 83

2. (1) ① [넉] (2) ② [닥] (3) ① [갑]
(4) ② [읍] (5) ① [안] (6) ① [만]
(7) ② [점] (8) ① [널] (9) ① [할]
(10) ① [일]

3. (1) [목] (2) [흑] (3) [갑]
(4) [읍] (5) [언] (6) [안]
(7) [굼] (8) [짤] (9) [훌]

## Ⅳ. 음운법칙

### 연음법칙 p. 86

2. (1) [바다라] (2) [도니] (3) [바리]
(4) [바믈] (5) [나제] (6) [꼬츨]
(7) [부어케] (8) [겨트로] (9) [다까라]
(10) [이쓰면] (11) [안자서] (12) [불거서]
(13) [살마서] (14) [을프니]

### 경음화 p. 88

2. (1) [경복꿍/경보꿍] (2) [어학땅]
(3) [초급빤] (4) [덕쑤궁]
(5) [책짱]

### 비음화 p. 89

2. (1) [숭명] (2) [건는다] (3) [덤는다]

### 유음화 p. 90

2. (1) [대괄령] (2) [광할루]
(3) [열락] (4) [물랄리]

### 유기음화 p. 90

2. (1) [머키다] (2) [만타]
(3) [안치다] (4) [조피다]

### 구개음화 p. 92

2. (1) [해도지] (2) [부처서]

### 'ㅎ'의 탈락 p. 93

2. (1) [다라도] (2) [노으니]
(3) [아나서] (4) [뚜른]

### 'ㄴ'의 첨가 p. 94

2. (1) [콩닙] (2) [한녀름]
(3) [부엉닐] (4) [는녀름]

## 자모카드

| | | |
|---|---|---|
| ㄱ | ㄴ | ㄷ |
| ㄹ | ㅁ | ㅂ |
| ㅅ | ㅇ | ㅈ |
| ㅊ | ㅋ | ㅎ |

ㄲ ㄸ ㅃ

ㅆ ㅉ ㅏ

ㅓ ㅗ ㅜ

ㅡ ㅣ ㅑ

| | | |
|---|---|---|
| ㅕ | ㅛ | ㅠ |
| ㅐ | ㅒ | ㅔ |
| ㅖ | ㅘ | ㅙ |
| ㅚ | ㅝ | ㅞ |

ㅟ

ㅢ

음절카드

가

거

고

구

그

기

## 음절카드

| | | |
|---|---|---|
| 나 | 너 | 노 |
| 누 | 느 | 니 |
| 다 | 더 | 도 |
| 두 | 드 | 디 |

| 라 | 러 | 로 |
|---|---|---|
| 루 | 르 | 리 |
| 마 | 머 | 모 |
| 무 | 므 | 미 |

| | | |
|---|---|---|
| 바 | 버 | 보 |
| 부 | 브 | 비 |
| 사 | 서 | 소 |
| 수 | 스 | 시 |

| 아 | 어 | 오 |
|---|---|---|
| 우 | 으 | 이 |
| 자 | 저 | 조 |
| 주 | 즈 | 지 |

| 차 | 처 | 초 |
| --- | --- | --- |
| 추 | 츠 | 치 |
| 카 | 커 | 코 |
| 쿠 | 크 | 키 |

| | | |
|---|---|---|
| 타 | 터 | 토 |
| 투 | 트 | 티 |
| 파 | 퍼 | 포 |
| 푸 | 프 | 피 |

| | | |
|---|---|---|
| 하 | 허 | 호 |
| 후 | 흐 | 히 |
| 까 | 꺼 | 꼬 |
| 꾸 | 끄 | 끼 |

따 떠 또

뚜 뜨 띠

빠 뻐 뽀

뿌 쁘 삐

| | | |
|---|---|---|
| 싸 | 써 | 쏘 |
| 쑤 | 쓰 | 씨 |
| 짜 | 쩌 | 쪼 |
| 쭈 | 쯔 | 찌 |

| 개 | 내 | 대 |
|---|---|---|
| 래 | 매 | 배 |
| 새 | 애 | 개 |
| 내 | 대 | 래 |

| 매 | 배 | 새 |
| --- | --- | --- |
| 애 | 게 | 네 |
| 데 | 레 | 메 |
| 베 | 세 | 에 |

| 계 | 녜 | 셰 |
|---|---|---|
| 례 | 몌 | 볘 |
| 셰 | 예 | 과 |
| 놔 | 돠 | 롸 |

| 뫄 | 봐 | 솨 |
|---|---|---|
| 와 | 괘 | 놰 |
| 돼 | 뢔 | 뫠 |
| 봬 | 쇄 | 왜 |

| 괴 | 뇌 | 되 |
| --- | --- | --- |
| 뢰 | 뫼 | 뵈 |
| 쇠 | 외 | 귀 |
| 뉘 | 뒤 | 뤼 |

뭐 붜 숴

워 궤 눼

뒈 뤠 뭬

붸 쉐 웨

| 귀 | 뉘 | 뒤 |
|---|---|---|
| 뤼 | 뮈 | 뷔 |
| 쉬 | 위 | 긔 |
| 늬 | 듸 | 릐 |

미 비 시

의

# 단어카드

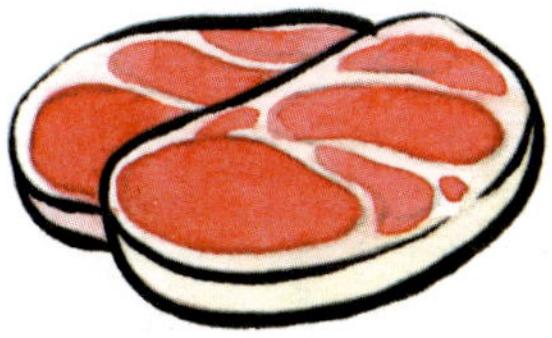

고기

meat

거기

there

나

I

누구

Who

가다

to go

구두

shoes

라디오

radio

도로

road

나무

tree

머리

head

부모

parents

비누

soap

나 거기 고기

구두 가다 누구

나무 도로 라디오

비누 부모 머리

## 단어카드

버스

bus

소

cow

아이

child

오이

cucumber

주스

juice

모자

hat

기차

train

치마

skirt

커피

coffee

카드

card

타조

ostrich

토끼

rabbit

| | | |
|---|---|---|
| 아이 | 소 | 버스 |
| 모자 | 주스 | 오이 |
| 커피 | 치마 | 기차 |
| 토끼 | 타조 | 카드 |

## 단어카드

포도

grape

피아노

piano

하마

hippo

호두

walunt

꼬리

tail

도끼

ax

따다

to pick

떠나다

to leave

뿌리

root

아빠

dad

쓰다

to write

씨

seed

하마 피아노 포도

도끼 꼬리 호두

뿌리 떠나다 따다

씨 쓰다 아빠

## 단어카드

짜다
to be salty

이야기
story

야구
baseball

여우
fox

여자
woman

요가
yoga

우표
stamp

우유
milk

유리
glass

개미
ant

새
bird

얘기
story

야구 이야기 짜다

요가 여자 여우

유리 우유 우표

얘기 새 개미

# 단어카드

메뉴
menu

세계
world

사과
apple

왜
why

회의
meeting

추워요
to be cold

궤
a box

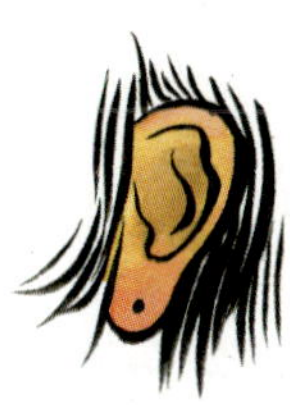

귀
ear

쥐
mouse

의자
chair

책
book

부엌
kitchen

사과 세계 메뉴

추워요 회의 왜

쥐 귀 궤

부엌 책 의자

## 단어카드

산
mountain

눈
snow

옷
clothes

낮
daytime

꽃
flower

버섯
mushroom

달
moon

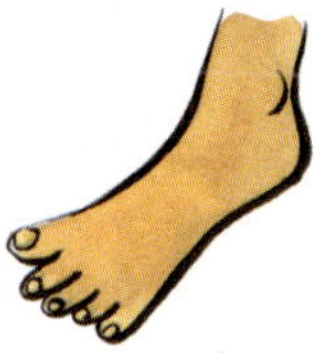

발
foot

곰
bear

엄마
mom

집
house

숲
woods

| | | |
|---|---|---|
| 옷 | 눈 | 산 |
| 버섯 | 꽃 | 낮 |
| 곰 | 발 | 달 |
| 숲 | 집 | 엄마 |

## 단어카드

강

river

상어

shark

닭

chicken

앉다

to sit

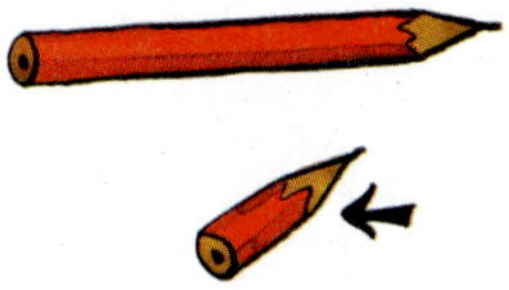

짧다

to be short

젊다

to be young

값

price

닭 상어 강

젊다 짧다 앉다

값